A EDUCAÇÃO DA PESSOA COM DEFICIÊNCIA NO DIREITO BRASILEIRO

Coleção
Aos Mestres com Carinho

A EDUCAÇÃO DA PESSOA COM DEFICIÊNCIA NO DIREITO BRASILEIRO

ORGANIZADORES
ESTÊVÃO MACHADO DE ASSIS CARVALHO
FERNANDA CRISTIANE FERNANDES H. MILAGRES
LUIS RENATO BRAGA ARÊAS PINHEIRO

Artesã

A educação da pessoa com deficiência no direito brasileiro

DIRETOR
Alcebino Santana

COORDENAÇÃO EDITORIAL
Karol Oliveira

DIREÇÃO DE ARTE
Tiago Rabello

REVISÃO
Tatiana Iegoroff de Mattos

CAPA
Karol Oliveira

DIAGRAMAÇÃO
Luís Otávio Ferreira

E24 A educação da pessoa com deficiência no Brasil / organizadores : Estevão Machado de Assis Carvalho ; Fernanda Cristiane Fernandes H. Milagres ; Luis Renato Braga Arêas Pinheiro. – Belo Horizonte : Artesã, 2022.
174 p. ; 23 cm. – (Aos mestres com carinho)
ISBN: 978-65-86140-81-1

1. Educação. 2. Pessoas com deficiência. 3. Direito. I. Carvalho, Estevão Machado de Assis. II. Milagres, Fernanda Cristiane Fernandes H. III. Pinheiro, Luis Renato Braga Arêas.

CDU 376-056.2

Catalogação: Aline M. Sima CRB-6/2645

IMPRESSO NO BRASIL
Printed in Brazil

(31)2511-2040 (31)99403-2227
www.artesaeditora.com.br
Rua Rio Pomba 455, Carlos Prates - Cep: 30720-290 | Belo Horizonte - MG
/artesaeditora

APRESENTAÇÃO DA COLEÇÃO

Profa. Dra. Angela Mathylde Soares

A Coleção *AOS MESTRES COM CARINHO* é um diálogo com o conteúdo sobre o dia a dia do chão da sala de aula, com a intenção e objetivo de responder indagações e inquietações das perguntas sem respostas. O famoso "*e agora*?".

Esta coleção tem, antes de tudo, o desejo de trazer a valorização dos profissionais de educação.

Precisamos entender que essa ação de valorizar não está ligada apenas a remuneração, mas sim a dar condições para que os envolvidos no processo do educar e do aprender tragam bagagem pedagógica que acompanhe as novas tecnologias e as novas aprendizagens.

Também não podemos nos esquecer das novas parcerias feitas com a educação, como a psicopedagogia, a saúde, a ciência, o direito e várias outras áreas presentes na educação do século XXI.

A informação hoje é rápida, dinâmica e imediata. Com isso, diante esta nova geração de estudantes, é preciso um professor que caminhe nesse mesmo território. Assim, há a necessidade de capacitar e renovar para seguir acompanhando as tão desejadas mudanças.

Precisamos alinhar as ações incluindo a capacitação dos docentes, as parcerias das famílias e o casamento com a ciência, trazendo respaldo a essa formação, com intuito E GARANTIA de melhora constante do ensino.

Esta coleção será um encontro carinhoso, respeitoso e eficaz sobre o tema que trabalhará a qualificação e a motivação dos nossos mestres e demais envolvidos nessa gestão.

Uma equipe qualificada e preparada para as demandas de sala de aula é de suma, aliás, fundamental importância para que esse objetivo seja cumprido.

Entendemos que esta coleção é um investimento importante capaz de trazer conforto para professores, alunos, gestores e profissionais da educação, uma vez que possibilitará uma melhoria nas questões pertinentes à individualidade e ao empoderamento do aluno – o que se fará por volumes e temáticas pontuais, proporcionando, assim, ao profissional da educação, uma informação ampla e bem assertiva sobre cada assunto proposto.

É ainda importantíssimo ressaltar os benefícios que esta coleção trará aos cursos universitários, favorecendo a reflexão de que, no processo, precisam receber – com a teoria, a prática e o envolvimento – uma metodologia que traga excelência e respeite as competências e habilidades de nossos alunos.

A prática em sala de aula, por meio de um marco teórico fundamentado, deve nortear o aluno e o professor em meio a atividades que estimulem a criatividade e a pesquisa baseada em evidências.

Pensando nessa discrepância entre o que se aprendeu na faculdade e a realidade de uma sala de aula, nasce a coleção *AOS MESTRES COM CARINHO*, para auxiliar responder os "e agoras" dos profissionais da educação. Nasce uma coleção que se importa com a educação de qualidade e com evidência.

E não podemos nos esquecer do professor e de todos os envolvidos nesse processo de receber o melhor de nós.

Com muito carinho, como professora, dedico esta coleção aos profissionais da educação, com o coração cientificado e motivado. Espero que esta experiência seja proveitosa. Curta os volumes e responda às perguntas que não querem calar!

O meu MUITO OBRIGADA!

AGRADECIMENTOS

Os organizadores

Agradeço à minha família (Thais, Rafael e André) por ser a fonte de minha inspiração e a propulsão de minha ação em defesa dos direitos das pessoas com deficiência.

LUIS RENATO

Agradeço aos meus pais por me ensinarem que o conhecimento ilumina nossas veredas e ao Jorge por me mostrar que o amor indica o caminho.

FERNANDA

Dedico este livro à minha esposa, Thais, e ao meu filho, João, que são fontes contínuas de motivação em tudo que eu faço.

ESTÊVÃO

APRESENTAÇÃO – SOMOS TODOS DEFICIENTES

José Renato Nalini

O ser humano é uma complexidade singular. Todos somos heterogêneos, indivíduos irrepetíveis. Ninguém é réplica idêntica de outrem. Até os gêmeos univitelinos guardam características suficientes para identifica-los, de forma a evidenciar perfeita distinção entre ambos.

Embora vocacionados à perfectibilidade, somos todos imperfeitos. Nesse sentido, todos temos nossas deficiências. O que seria "normalidade"? Existe um padrão científico para o normal? Ou seria um conceito meramente estatístico? Seria aquilo que se repete mais na humanidade? Ainda sabemos pouco sobre os mistérios da mente. A ciência ainda nos surpreenderá. O fato é que todos temos nossas características que podem ser consideradas imperfeições. Não existe uma razão evidente na observação de que "de perto ninguém é normal"?

Na nossa forma tosca, também somos preconceituosos. E muitos de nós chegam a encarar a diferença do outro com sarcasmo e até crueldade. Espírito de galhofa, próprio ao "brasileiro cordial"? Ou insensibilidade típica de uma sociedade narcisista, consumista e egoísta? Parece mais sintoma de patologia social que a toda pessoa de bem compete eliminar da face da Terra.

Fui beneficiado com o privilégio de nascer numa família em que a diferença nunca foi um fator de redução do afeto. Uma tia-avó nasceu cega. Meus primeiros anos foram vivenciados a seu lado, figura doce, terna, carinhosa e inteiramente voltada à proteção dos que eram confiados à sua generosa guarda. Velou por mim até sua morte. Ao seu lado eu dormia tranquilo. Confiava em sua proteção.

Convivi com famílias que devotaram a seus filhos portadores da síndrome de Down o tratamento mais consentâneo com o que deva significar uma educação inclusiva. Só concebo como inclusiva a educação amorável. Muito antes de disposição normativa, observou-se a lei maior do amor, aquela que deveria presidir todas as relações humanas.

Confesso minha estranheza quanto à persistência de alguns quistos de ignorância em descuidar daqueles que precisam de uma atenção especial ou de se conferir ao tema importância reduzida. Não sou aficionado à fetiche da lei, porque desde a adolescência, assimilei a lição de Jean Cruet, um professor francês que escreveu um livro notável: *A vida do direito e a inutilidade das leis*, cujo subtítulo é eloquente: "Vê-se todos os dias a sociedade reformar a lei; nunca se viu a lei reformar a sociedade". Todavia, para certa insubordinação teimosa, talvez a lei venha a servir de ajuste para o comportamento rebelde. Alguns exemplos recentes indicam essa possibilidade: a lei que coíbe o fumo em ambientes internos e o uso obrigatório do cinto de segurança.

Continuo, porém, a acreditar num processo de conscientização coletiva, muito mais eficiente do que a previsão normativa para mostrar o óbvio: qualquer ser humano é merecedor de respeito. O ideal seria implementar a chamada "regra de ouro" da civilização. Amar ao próximo como a si mesmo. Se isso for difícil, ao menos "não fazer ao outro aquilo que você não quer que o outro faça com você".

Para a área jurídica, facílimo encontrar fundamento que torne compulsória a observação desse princípio. É que a Constituição da República Federativa do Brasil adotou a dignidade da pessoa humana como o supra princípio norteador de todo o ordenamento. E o preâmbulo desse pacto federativo propõe à única entidade que titulariza a soberania – o povo – a incumbência de edificar uma pátria justa, fraterna e solidária.

Fraternidade, no Brasil do século XXI, é uma categoria jurídica.

Por isso, é algo de enternecer as mentes sensíveis, a iniciativa de um livro como este. Profissionais que prioritariamente integram o universo do direito, relatam experiências e propõem suas receitas para o cuidado atencioso em relação àqueles portadores de deficiência que necessitam de atenção especial.

Especiais são todos os educandos. Mas, a cada qual, de acordo com a sua necessidade. E conforme as suas peculiaridades.

Uma educação inclusiva não é assunto exclusivo de especialistas. Seus postulados precisam chegar à mentalidade às vezes perturbada por outros interesses, dos responsáveis pelas políticas públicas educacionais.

Constatei um certo apego, exagerado até, pela mania dos rankings de escolas *winners*. Eles são elaborados após contínuas avaliações – em São Paulo, são bimestrais – para que a Unidade Federativa figure de forma honrosa no rol dos mais bem avaliados. Impõe-se ao magistério a obrigação de elaborar testes, com o que os docentes se distanciam, ao menos perdem foco e intensidade na missão de ensinar. Depois têm de corrigir os testes, novamente afastando-os da rotina da sala de aula.

Isso não é o pior. A volúpia por figurar bem no campeonato do êxito implica em vários outros danosos equívocos.

O aluno passa a ser considerado um objeto adestrado na arte da memorização, para que satisfaça às expectativas dos que serão laureados com a excelência dos resultados. Despreza-se a individualidade do educando, peça de um grande jogo que será utilizado nas próximas eleições ou, pior ainda, nas famigeradas reeleições.

Aqui entram, como parte a mais prejudicada, aqueles que precisam de um carinho especial. Constatei que o aluno com dificuldade é considerado obstáculo à performance da escola. Ouvi, com tristeza, relatos de mães que não conseguiam matrícula para seus filhos especiais. No pragmatismo utilitarista e egoístico das praxes vigentes, essa criança é um fator de desprestígio e prejuízo para a unidade escolar.

O fenômeno é agravado com a política do bônus. Inspirada em saudável critério de recompensar o mérito, ela se corrompe e torna seletiva a propalada universalidade do acesso à escola pública. Crianças consideradas problemáticas podem representar óbice ao ambicionado bônus e, portanto, encontram dificuldades para ingressar numa comunidade pública de ensino.

Esse filtro pode ser sutil, utilizando-se da onipresente burocracia, a vencer os pais até à exaustão, ou pode ser direto. Ambas as modalidades igualmente cruéis.

São fatos como esse que fortalecem a constatação de que a humanidade enfrenta patologias.

Uma delas é resignar-se à desigualdade, ideia que, imposta desde a infância, atua de forma a aprofundar o fosso entre as pessoas. É no lar que se aprende a considerar todo ser humano como igualmente destinatário de respeito e consideração.

O estudo da ética – ou, melhor dizendo, da falta dela – me leva a uma postura insólita. Considero a falta de ética uma patologia. Não se condoer com a sorte do outro, não se comover perante a fragilidade de alguém, não se propor a auxiliar que o próximo atinja suas finalidades, parece algo inserto no campo da anomalia mental.

A percepção generalizada é a de que o mundo mergulhou num consumismo desenfreado e que a educação das novas gerações se faz à luz da necessidade de criação de novas legiões consumidoras. Daí o estranhamento de uma educação inclusiva, para aqueles seres humanos talvez desvinculados dessa febre de aquisição do efêmero e do volátil.

A lógica do mercado parece ignorar aqueles que não se encaixam na engrenagem e que parecem não conferir importância a tudo que mantém o moto contínuo da maior parte da sociedade. Aos portadores de necessidades especiais, não ocorre a insistência em atualizar um conhecimento profissional e assimilar as mais recentes informações técnicas, para evitar que sejam deixados para trás.

A fórmula factível de se encarar a educação inclusiva como efetivo fator de inclusão é combater a ignorância. O desconhecimento das diferenças gera numa sociedade egoísta sentimentos confusos, ambivalentes, com perplexidade ante a estranheza. É algo como aquilo que Baumann chamou de "proteofobia". O termo refere-se à apreensão despertada pela presença de fenômenos multiformes, alotrópicos, que teimosamente omitem a atribuição e enfraquecem as familiares redes classificatórias. Essa apreensão é aparentada da ansiedade dos equívocos que – a partir de Wittgenstein – pode ser explicada como 'não saber como proceder'. A proteofobia refere-se, portanto, ao desagrado com situações em que alguém se sente perdido, confuso, impotente".

Há um longo caminho a percorrer, portanto. O esclarecimento, a informação, rumo ao árduo caminho do progresso moral. Pois "nenhuma vitória sobre a desumanidade parece ter tornado o mundo mais seguro para a humanidade. Triunfos morais aparentemente não se acumulam. Apesar das narrativas de progresso, o movimento não é linear – os ganhos de ontem não são reinvestidos, nem são os bônus outrora considerados irreversíveis. Sempre de uma nova maneira, com cada mudança no equilíbrio do poder, o espectro da desumanidade retorna de seu exílio". Como salienta o pensador, as escolhas morais – e cuidar adequadamente dos que necessitam de educação especial é uma escolha essencialmente moral – parecem sempre começar do zero.

Vale a pena insistir e investir nessa cultura inclusiva. O mundo civilizado oferece exemplos edificantes. Um deles é o intelectual italiano Dario Ianes, autor de mais de trinta livros, e que num deles, *A especial normalidade,* oferece eloquente libelo:

> Quero fazer as mesmas coisas que todo mundo faz. Só um estudante com deficiência poderia expressar numa frase, numa fórmula cristalina, o múltiplo significado de normalidade. Quero fazer as mesmas coisas que todo mundo faz, primeiramente porque tenho os mesmos direitos. Quero fazer o mesmo que todo mundo faz porque essa é uma necessidade profunda. Ser capaz de fazer a mesma coisa que todo mundo faz é um direito, mas também um modo de fomentar o desenvolvimento social – quero fazer as mesmas coisas que você faz também em seu benefício, por você, para colaborar com o crescimento e a coesão de nosso grupo.

No diálogo com Baumann, o editor Riccardo Mazzeo menciona personalidades ilustres e famosas, que foram consideradas "retardadas" no ensino fundamental e que não seriam o que são hoje, não fosse a ajuda sensível de professores extraordinários. Indaga ao sociólogo polonês o que pensa sobre a inclusão escolar de pessoas em dificuldade. Em resposta, Baumann vem a confirmar aquilo que já referi acima: "Normalidade é um nome ideologicamente forjado para designar a maioria. Que mais significa ser "normal" além de pertencer à maioria estatística? E que mais significa "anormalidade" senão pertencer a uma minoria estatística?".

Baumann considera o tema um problema político: "Esse problema concentra-se na defesa dos direitos das minorias, que os atuais mecanismos democráticos, baseados como o são na fusão de pertencer a uma *maioria* com o direito de tomar decisões cujo cumprimento é obrigatório para *todos,* parecem incapazes de confrontar, administrar e resolver de modo definitivo (e, provavelmente, não têm nenhum interesse particular nisso)".

Em sua minuciosa explanação, Baumann cita o conto *A terra dos cegos*, de H.G. Wells e os *Ensaios sobre a cegueira e Ensaios sobre a lucidez*, de José Saramago. Na tumultuada história da humanidade, "a ordem é feita sob medida para a maioria, de modo que aqueles que são relativamente poucos e não se dispõem a obedecê-la, constituem uma minoria fácil de desvalorizar como um 'desvio marginal' – e, portanto, *fácil de identificar, localizar, desarmar e subjugar"*. O que ele considera uma "verdade repulsiva, dolorosa e intragável, mas, não obstante, uma verdade".

Para Baumann, a receita estaria em políticas públicas. Prefiro acreditar que a lucidez cidadã seja capaz de consolidar a tendência inclusiva cujos resultados palpáveis indicam o acerto da direção proposta pela ciência. Tudo aquilo que o Estado procura disciplinar, encontra certa resistência de parte de uma população que desacredita da Democracia Representativa por não se sentir mais representada. A parcela da sociedade que preservou a lucidez e discernimento não se entusiasma com o Estado-babá, aquele "coletivo que talvez não siga uma única proposta política orientadora, mas seus proponentes compartilham uma crença de que meter o bedelho na sua vida é a forma mais rápida de criar uma sociedade superior".

Há de se acreditar que as pessoas tenham condições de escolher, dentre as opções disponíveis, aquela que melhor atender à educação de suas proles que não se enquadrem no padrão considerado "normal". Os pais das crianças especiais também são pais especiais. Sabem o que motiva seus filhos, o que os irrita, o que os decepciona. Têm noção instintiva de que as mentes "são híbridas, ao mesmo tempo o produto e o processo desse sistema biossocial evoluído e em desenvolvimento". Existe farto material empírico e também científico, a evidenciar que um tratamento carinhoso é eficaz ferramenta de aperfeiçoamento dos educandos, sejam eles considerados integrantes da maioria, sejam eles classificados na minoria a que se atribui a condição de deficiente.

A perfectibilidade é a vocação humana, da qual não estão excluídos os necessitados de atenção especial. É o perfectibilismo universalista, atributo de todos os seres humanos. Registram-se evidentes êxitos numa educação que contemple o portador de deficiências um indivíduo merecedor de respeito, consideração e, principalmente, afeto.

Em síntese, educar para a inclusão é algo que beneficia não exclusivamente o educando, mas todos os que atuam no processo de sua formação para o convívio. O intuito de todos os humanos é a busca da felicidade e esta, "por ser assunto estritamente pessoal, por ser, inclusive 'ontologicamente', a plenitude da pessoa, encontra sua fonte principal nas outras pessoas". O ser pessoal, assinala Julián Marías, é intrinsecamente *pluripessoal*. No conceito mesmo de pessoa "vão incluídas outras, e toda atitude solipsista, que pretenda construir a realidade pessoal isolada e única, é no fundo ininteligível. Todos os atributos da personalidade reclamam a presença de outras pessoas".

Aquele que trabalha com uma criança especial ganha muito mais do que oferece. Isso é experimentado por aqueles já integrados nessa missão. Fenômeno que não se restringe ao contato do educador, do cuidador, do profissional da educação especial com a criança necessitada de singular atenção. Pois "para muitos adultos, a criança é quase o único vínculo real com o humano, a única faceta que lida com a bondade... A criança tem uma função humanizadora, personalizadora, se não existissem as crianças no mundo, ele seria cruel". O que dizer então da criança portadora de alguma deficiência, em regra um ser humano que se conserva puro, ingênuo, simples e indefeso, assim como, no fundo de nossas almas, gostaríamos de nos conservar um pouco. O que não é possível de acontecer, depois de travar as inúmeras batalhas que o mundo propicia para quem nele alcança a maturidade e, se a Providência permitir, até a velhice.

Um livro como o que agora se oferta à leitura de todos os interessados no assunto, além de conteúdo substancioso e útil, acrescenta algo que nem todas as obras do gênero possuem: material conducente a uma contemplação do direito como ciência mais humana, mais sensível e mais generosa. O que não é pouco, para os tempos em que nos foi dado viver.

PREFÁCIO

Luis Renato Braga Arêas Pinheiro

Prezado leitor, peço licença para compartilhar algumas reflexões e contextos em que este livro foi elaborado.

Quando recebi o convite da querida amiga Dra. Ângela Mathylde Soares para organizar esta obra tive como sentimento a gratidão pela confiança, mas uma "pulga atrás da orelha" em relação ao alcance que este projeto atingiria.

Seria a primeira obra literária que eu organizaria e minha estreia como escritor.

Tornava-se necessário o envolvimento de mais pessoas, de engrenagens com mecanismos próprios que em conjunto pudessem trazer a riqueza da diversidade de ideias.

Nesse momento também já tinha sido procurado pelo amigo Dr. Estêvão Machado de Assis Carvalho, defensor público e coordenador da Defensoria Especializada da Pessoa Idosa e da Pessoa com Deficiência de Minas Gerais, na intenção de fazermos uma obra coletiva. Não tive dúvidas e o convidei para organizar conjuntamente esta obra com o apoio da Dra. Fernanda Cristiane Fernandes Heringer Milagres (também defensora pública em Minas Gerais atuante na defesa dos direitos das pessoas com deficiência).

O objetivo do livro era desafiador, escrever sobre a Legislação em relação a Educação Inclusiva e os caminhos para a aplicação real da Lei.

Quem me conhece (principalmente pela atuação extrajudicial como defensor público) sabe do meu engajamento pela ação em rede e defesa dos métodos adequados de soluções de conflitos (a exemplo da conciliação e da mediação) como via de regra para que as relações humanas sejam enriquecidas e estruturadas.

Sabemos que as leis servem para direcionar a conduta das pessoas. A lei deve ter como pressuposto a intenção de proporcionar a convivência harmoniosa de todos, respeitando-se os direitos e estipulando deveres para que a vida em sociedade seja possível, almejando o desenvolvimento moral do ser humano.

No entanto, para acontecer uma verdadeira convivência pacífica é preciso que a obediência às leis ocorra pelo convencimento pessoal e não apenas pelo medo da sanção decorrente da imposição legal.

Para que as pessoas se convençam, é necessário que a informação acerca dos direitos e deveres, o que chamamos de educação em direitos, chegue a cada eixo de envolvimento com a Educação Inclusiva, quais sejam: as pessoas com deficiência e suas famílias, os professores, os gestores e funcionários da escola, os demais alunos sem deficiência e suas famílias, o Poder Público e a sociedade civil em geral.

O convencimento pessoal somente se constrói através do diálogo, da escuta ativa e do envolvimento das partes respeitando as diferenças de pontos de vista, com todos os envolvidos abertos para analisar e refletir sobre novas ideias, novos caminhos.

Com esse espírito as relações humanas devem ser construídas. É necessário que visualizemos um pouco além, que alcancemos o outro e o convidemos para estar perto, na intenção de construirmos juntos um planeta que esteja pronto para acolher todas as pessoas, sem qualquer distinção.

No decorrer dos capítulos desta obra, o leitor certamente conhecerá a enorme quantidade de Leis, Decretos, Regulamentos, Resoluções, Portarias, etc. que dizem respeito aos direitos da pessoa com deficiência, principalmente em relação à Educação Inclusiva. Também concluirá que o Brasil é um país extremamente avançado em relação à existência de legislação específica para as pessoas com deficiência.

Porém, convido o leitor para uma reflexão: O que está escrito na legislação realmente acontece no dia-a-dia do cidadão brasileiro? Imagino que a maioria deve ter respondido que não.

Cabe a todos nós refletir sobre o motivo pelo qual a legislação não está sendo cumprida. É necessário nos organizarmos para fazer valer o que está escrito na Lei. Todos juntos; a escola, os alunos e suas famílias, o Poder Público e a Sociedade como um todo, pois como diz a Lei: "É dever do Estado, da família, da comunidade escolar e da sociedade assegurar educação de qualidade à pessoa com deficiência, colocando-a a salvo de toda forma de violência, negligência e discriminação." (Art. 27, § único, da Lei 13.146/15 – Lei Brasileira de Inclusão).

Estamos vivendo um novo momento em relação à efetivação dos direitos das pessoas com deficiência. Um novo despertar. Conseguimos sensíveis avanços nos últimos anos, não só em relação à legislação, mas principalmente na conscientização dos diversos atores (envolvidos direta ou indiretamente com a educação) em relação à necessidade de profundas mudanças no sistema educacional.

Não é possível mantermos um único modo de ensinar. Aquele modelo do professor na lousa e o aluno estático na carteira, literalmente decorando o conteúdo escolar, há tempos deveria ser substituído. Este foi o modelo de educação que eu tive do Ensino Fundamental à Universidade. Agora o momento é outro e a forma de ensinar também deve acompanhar as novas necessidades de aprendizagem.

Com a realidade da inclusão do aluno com deficiência no ensino regular, deve ser revisto o modo de ensinar e consequentemente o modo de aprender.

Educação é algo abrangente e as habilidades a se desenvolverem são múltiplas. Conforme diz a Lei, devemos proporcionar ao aluno "o máximo desenvolvimento possível de seus talentos e habilidades físicas, sensoriais, intelectuais e sociais, segundo suas características, interesses e necessidades de aprendizagem." (Art. 27, "caput", da Lei 13.146/15 – Lei Brasileira de Inclusão).

O aluno com deficiência tem o direito de ser devidamente estimulado e de aprender potencializando o máximo suas habilidades. É necessário que ocorra uma inclusão real, que o professor não desista de ensinar o aluno com deficiência. O cérebro humano nos surpreende a cada momento e nunca devemos duvidar da capacidade de aprendizagem de qualquer ser humano.

É importante que reflitamos novamente o motivo pelo qual não conseguimos realizar a inclusão do aluno com deficiência com qualidade. O que nos falta? Que todas as escolas aceitem a matrícula dos alunos com deficiência? A capacitação dos professores e funcionários da escola? A existência de profissional de apoio escolar (mediador) e do professor de educação especial nas escolas? O fornecimento de tecnologia assistiva? A acessibilidade física nas escolas? A realização do Plano de Desenvolvimento Individual (PDI)? A oferta de Atendimento Educacional Especializado (AEE)? A oferta de transporte público adaptado às necessidades do aluno com deficiência?

Enfim, inúmeros são os questionamentos... fato que cada vez mais nos leva à triste constatação de que aquilo escrito em toda a Legislação pouco ou nada é aplicado.

Agora vamos atribuir as responsabilidades. A culpa pela ineficiência da inclusão escolar é de quem? Das escolas (públicas ou particulares)? Dos professores e funcionários da escola? Do Poder Público? Das famílias e dos alunos?

Como dito acima, a responsabilidade é de todos. A culpa deve ser atribuída a toda sociedade e, por isso, a busca pela solução deve ser conjunta.

Quando pensamos na inclusão escolar é necessário que vários saberes se complementem. É imprescindível o apoio de outros ramos da ciência como a medicina, a fonoaudiologia, a terapia ocupacional, a psicologia, psicopedagogia, fisioterapia, dentre outros, para que o professor e a escola identifiquem a melhor forma de ensinar o aluno com deficiência.

Da mesma forma a família é um aliado fundamental da escola. Os pais conhecem como ninguém os atalhos para o desenvolvimento dos filhos, sabem dos desafios que necessitam enfrentar e os contornos para que se organizem e potencializem o aprendizado.

Não se trata de retirar o planejamento educacional das atribuições do professor, a intenção é subsidiar a escola com o maior número de dados possíveis para que o processo de elaboração do Plano de Desenvolvimento Individual (PDI) do aluno seja eficaz, levando em consideração suas potencialidades e facilidades específicas de aprendizado.

A inclusão escolar não se resume a apenas aceitar a matrícula do aluno com deficiência e colocá-lo dentro da sala de aula. É necessário que o direito a aprender seja cumprido e que a escola proporcione todos os mecanismos necessários ao desenvolvimento do aluno.

Devido à necessidade de reestruturação das escolas e da maneira de ensinar, para que a inclusão ocorra verdadeiramente, é necessária a ruptura da forma tradicional e obsoleta de ministrar as aulas, existente em grande parte do ensino brasileiro.

Este é o desafio de todos nós. Demolir antigos conceitos e reconstruir a forma de ensinar respeitando a diversidade e a necessidade de todos os estudantes, com deficiência ou não.

O direito à inclusão escolar não é apenas do aluno com deficiência. Esse direito é de todos os alunos. Queria eu ter estudado, da minha infância à fase adulta, com ao menos um aluno com deficiência. Tenho certeza de que caso tivesse esta oportunidade, eu seria uma pessoa mais compreensiva, mais dedicada e não desistiria facilmente de meus objetivos. O exemplo do outro nos ensina. Ter a possibilidade de estudar com um aluno com deficiência, dentro de sala de aula, proporciona ensinamentos e valores que nenhum ramo da ciência consegue abranger.

Em uma sociedade em que valores humanos estão cada vez mais escassos, em que a competição e a venda do "sucesso" ultrapassam qualquer valor moral, é preciso fazer uma pausa para refletirmos as nossas prioridades.

Não deixemos de oportunizar às nossas crianças e aos nossos jovens a riqueza do aprendizado inclusivo. Talvez, a grande parte dos leitores, da mesma forma que eu, não tiveram esta oportunidade. Neste momento, nós podemos proporcionar aos nossos filhos e à nova geração, uma educação nova, inclusiva, com qualidade nos ensinamentos e na interação social, convivendo com a diversidade de talentos e de olhares. É preciso lembrar que esta geração de estudantes será o futuro da nossa Humanidade. São eles quem ditarão o rumo de nossa sociedade.

Aquilo que queremos para o futuro devemos construir no presente.

Tenho certeza de que o leitor terá uma excelente oportunidade de aprendizado e que esta obra será um auxílio importante para entendermos os contornos da legislação e trazermos à realidade cada letra da lei.

Por fim, transcrevo o texto que fiz para meu filho Rafael, no ano de 2019 (quando completou 6 anos de idade), no qual resume bem o sentimento de um pai que aprende diariamente com seu filho:

> *O que dizer desse dia 14/02 (Valentine's Day).*
> *Data em que se comemora no mundo inteiro o AMOR.*
> *Neste dia nasce o AMOR em pessoa na minha família.*
> *Vem ao mundo nosso menino Rafael.*
> *Hoje completamos 06 anos de sua chegada neste plano terrestre.*
> *Com o Rafael aprendo diariamente os conceitos mais sublimes do puro Amor.*
> *Aprendo a enfrentar as tormentas não pelo autoritarismo da imposição, mas pela resignação da tolerância.*
> *Aprendo que a neurodiversidade advinda do autismo não se trata de doença a ser tratada, ao contrário, essas crianças vieram ao mundo para curar este planeta da doença do egoísmo, da padronização, da competição e do desamor.*
> *Aprendo diariamente a perceber as pessoas não apenas pelos meus olhos e minhas experiências, mas enxergá-las pelos olhos do coração.*
> *Aprendo que não existe certo ou errado, adequado ou inadequado... tudo depende de uma série de fatores e do ângulo em que se analisa o evento... algo somente existe de fato pela ótica de quem observa.*
> *Aprendo que cada vez mais devo julgar menos e DEFENDER mais...*
> *Aprendo que a cada dia tenho que me reformar e estar pronto para colher os ensinamentos que meu filho oferece através de suas ações e percepções.*

Aprendo a agradecer e reconhecer que sou um privilegiado nesta vida ao ter o Rafael ao meu lado, como amigo, companheiro e parceiro para toda uma existência.
Aprendo que muito ainda tenho que aprender e que a mola propulsora de minhas ações deve ser o desafio de mostrar ao mundo que é possível vivermos em harmonia e que as diferenças se somam para um BEM comum, tal como cada parte do corpo humano (diferentes nas suas funções e anatomias) que em conjunto fazem funcionar o veículo de nosso espírito.
Por isso, filho, te agradeço hoje por ser meu PROFESSOR.
Receba todo meu amor e gratidão.
Beijos do seu pai Renato.

Nova Lima, 14/02/19.

Desejo ao leitor uma excelente leitura e o convido novamente para juntos promovermos uma inclusão escolar de qualidade e prepararmos com carinho o futuro de nossas crianças.

BREVES REFLEXÕES SOBRE A EDUCAÇÃO INCLUSIVA NA CONVENÇÃO SOBRE OS DIREITOS DA PESSOA COM DEFICIÊNCIA

Luís Fernando Nigro Corrêa

> *[...] a Educação é direito universal e intransferível, sendo necessário, portanto, que pensemos e experimentemos sistemas educacionais, currículos e relações que se comprometam com a liberdade de criar novos possíveis, de tal modo que o direito de toda e cada pessoa possa se efetivar. Portanto, há que se considerar o princípio da inclusão em sua radicalidade, qual seja, a de que não podemos mais nos relacionar com os espaços sociais construídos para "nós", adequando-os para a chegada "dos outros", sempre tomados como aqueles que serão recebidos por nós.* (Angelucci & Rodrigues, 2018, pp. 101-102)

A Convenção sobre os Direitos das Pessoas com Deficiência e seu Protocolo Facultativo foram os primeiros instrumentos internacionais sobre direitos humanos incorporados ao ordenamento jurídico brasileiro, formalmente, com *status* constitucional, nos moldes do artigo 5º, parágrafo 3º, da Constituição da República. A inovação do ingresso da Convenção no ordenamento não se limitou ao *status* constitucional, mas especialmente ao seu conteúdo, por ter abraçado o modelo social de se compreender a deficiência, também chamado de paradigma de direitos humanos.

O aludido modelo social se contrapõe ao paradigma que lhe antecedeu, conhecido como modelo individual, denominado também de modelo de reabilitação ou modelo médico, na medida em que desloca o foco da deficiência das próprias pessoas para as barreiras existentes na sociedade que impedem a inclusão dos mencionados indivíduos.

Exatamente no sentido de acentuar as mudanças do conceito de deficiência no curso do tempo é que a alínea "e", do preâmbulo da Convenção aponta que

> a deficiência é um conceito em evolução e que a deficiência resulta da interação entre pessoas com deficiência e as barreiras devidas às atitudes e ao ambiente

> que impedem a plena e efetiva participação dessas pessoas na sociedade em igualdade de oportunidades com as demais pessoas. (Decreto n. 6.949, 2009)

Verifica-se no dispositivo preambular supra, a influência do modelo social, ao se mencionar que a deficiência resulta da interação da pessoa com as barreiras encontradas na sociedade a impedir a participação social em igualdade de oportunidades.

Por seu turno, no parágrafo primeiro do artigo 1º da Convenção, encontramos o seu propósito, qual seja, "promover, proteger e assegurar o exercício pleno e equitativo de todos os direitos humanos e liberdades fundamentais por todas as pessoas com deficiência e promover o respeito pela sua dignidade inerente" (Decreto n. 6.949, 2009). Para tanto, a Convenção elencou princípios que devem nortear não só a aplicação das regras convencionais, como a própria atuação dos Estados na busca da plena e efetiva inclusão social de tais pessoas.

A especificação dos princípios e dos direitos das pessoas com deficiência tem o expressivo condão de propiciar o exercício dos direitos e liberdades fundamentais delas, sendo certo que o respeito pela sua dignidade passa, forçosamente, pela sua efetiva inclusão na comunidade.

Por seu turno, o segundo parágrafo do dispositivo em apreço traz a definição de pessoa com deficiência assentada no modelo social:

> Pessoas com deficiência são aquelas que têm impedimentos de longo prazo de natureza física, mental, intelectual ou sensorial, os quais, em interação com diversas barreiras, podem obstruir sua participação plena e efetiva na sociedade em igualdades de condições com as demais pessoas. (Decreto n. 6.949, 2009)

Já o artigo 3º, por sua vez, relacionou os princípios que regem a Convenção. Da análise de tais princípios, é possível constatar que eles estão intrinsecamente ligados pelo fundamento da dignidade da pessoa com deficiência, com o escopo de se obter a sua plena e efetiva participação e inclusão na sociedade, sendo que "dignidade inerente" às pessoas com deficiência e "plena e efetiva participação e inclusão na sociedade" foram erigidas à condição de princípios no aludido dispositivo.

São princípios da Convenção: a) O respeito pela dignidade inerente, a autonomia individual, inclusive a liberdade de fazer as próprias escolhas, e a independência das pessoas; b) A não-discriminação; c) A plena e efetiva participação e inclusão na sociedade; d) O respeito pela diferença e pela aceitação das pessoas com deficiência como parte da diversidade humana e da humanidade; e) A igualdade de oportunidades; f) A acessibilidade; g) A igualdade entre o homem e a mulher; e, h) O respeito pelo desenvolvimento das capacidades das crianças com deficiência e pelo direito das crianças com deficiência de preservar sua identidade.

Os princípios e regras com *status* constitucional que se referem às pessoas com deficiência integram a ordem jurídica que "deve ser dotada de unidade e harmonia". A Constituição é um fator de unidade, "ditando os valores e fins que devem ser observados e promovidos pelo conjunto do ordenamento" (Barroso, 2018, p. 335).

No caso da Convenção, sua introdução no arcabouço constitucional trouxe alterações relativas a valores e objetivos especificamente em relação às pessoas com deficiência que devem ser observados, traçando baliza para todo o ordenamento infraconstitucional.

Assim, leis anteriores que sejam incompatíveis com os princípios e regras convencionais perdem sua validade caso não seja possível dar-lhes uma interpretação conforme o sistema constitucional dos direitos das pessoas com deficiência.

Nesse sentido, lembram Araújo e Maia (2018) no que toca ao *status* da Convenção que a coloca no ápice do ordenamento:

> Como consequência dessa forma de internalização, temos que, tal qual ocorre com qualquer norma constitucional, a legislação infraconstitucional lhe deve observância, não podendo contrariá-la. Assim, todo o direito anterior à Convenção que contrarie suas disposições deve ser tido por revogado, e toda a legislação posterior deve ser consentânea com seus preceitos, sob pena de padecer de vício de inconstitucionalidade e, dessa forma, ser inválida (p. 40)

Portanto, as normas constitucionais sobre os direitos das pessoas com deficiência condicionam a validade e o próprio sentido de todo ordenamento, sendo certo, ainda, que em razão do princípio da supremacia constitucional, "nenhuma lei ou ato normativo – a rigor, nenhum ato jurídico – poderá subsistir validamente se for incompatível com a Constituição" (Barroso, 2018, p. 340). Destarte, não se trata apenas de se afastar do ordenamento as leis que contrariam o sistema constitucional de proteção dos direitos das pessoas com deficiência, mas, também, todos os atos normativos, eivados, em tal cenário, de inconstitucionalidade.

Nessa toada, vale destacar que a Convenção busca garantir a abordagem dos temas relevantes às pessoas com deficiência, especificando-se os princípios e as regras que têm por escopo assegurar a tais indivíduos o exercício pleno e equitativo de todos os direitos humanos e liberdades fundamentais e, ainda, apontando o caminho para a efetivação dos direitos, reduzindo-se a margem para sua inobservância e propiciando elementos para uma monitoração com maior efetividade.

Destarte, ao tratarmos da educação inclusiva na Convenção sobre os Direitos das Pessoas com Deficiência, devemos observar que a exigência por tal sistema educacional, muito além de decorrer da expressa menção contida no artigo 24, da Convenção dedicado ao tema, é uma exigência dos próprios princípios estampados em seu corpo, pois não é possível pensar em respeito a dignidade inerente da pessoa com deficiência (artigo 3º, "a"), não discriminação (artigo 3º, "b"), plena e efetiva participação e inclusão na sociedade (artigo 3º, "c"), respeito pela diferença (artigo 3º, "d"), igualdade de oportunidades (artigo 3º, "e"), acessibilidade (artigo 3º, "f") e, especialmente, o respeito pelo desenvolvimento das capacidades das crianças com deficiência e pelo direito das crianças com deficiência de preservar sua identidade (artigo 3º, "h"), diante um cenário em que as portas de qualquer estabelecimento de ensino estejam fechadas ou venham a se fechar, explícita ou tacitamente, em razão da deficiência.

É por meio da educação que se torna possível a mudança efetiva do paradigma de como se considerar a deficiência, pois é nos bancos escolares que a conscientização pode ser eficazmente difundida.

O artigo 24 da Convenção assentou o direito das pessoas com deficiência à educação sem discriminação e com base na igualdade de oportunidades, dentro de um sistema educacional inclusivo em todos os níveis, além do aprendizado ao longo da vida.

Essencial a educação das pessoas com deficiência na perspectiva inclusiva e não poderia a Convenção influenciada pelo modelo social perfilhar outro caminho que não aquele que estabelece como regra que tais pessoas sejam educadas em escola regular, acompanhada dos demais alunos, reproduzindo-se, assim, o cenário de diversidade próprio da sociedade, o que propicia a educação para a cidadania proposta pelo professor Michael Oliver (1996, p. 90) ao delinear o modelo social de se considerar a deficiência.

Nesse contexto, o reconhecimento da singularidade de cada aluno é fundamental para que ocorra a inclusão na escola regular. Assim é que a Declaração de Salamanca já mencionava que toda criança tem características, interesses, habilidades e necessidade de aprendizado únicos, e o sistema educacional deve ser projetado considerando tal diversidade, devendo as pessoas com deficiência terem acesso às escolas regulares capazes de atender suas necessidades (Unesco, 1994).

Aliás, não há como se pretender a inclusão das pessoas com deficiência na sociedade – objetivo precípuo do modelo social e princípio insculpido na Convenção – sem a adoção da educação inclusiva, pois em cada oportunidade que se fecha uma porta de uma escola regular a uma criança com deficiência, caminha-se no sentido oposto à inclusão.

Cumpre ressaltar que a educação inclusiva pressupõe muito mais do que simplesmente prover a matrícula da pessoa com deficiência, pois a inclusão sem o devido preparo e cuidado, observando-se a singularidade do aluno em questão, está fadada ao insucesso que, aliás, será certamente imputado à própria pessoa com deficiência, em uma prática cruel que se assenta no modelo individual de se compreender a deficiência.

O Comitê sobre os Direitos das Pessoas com Deficiência, ente criado sob os auspícios da Convenção que tem como uma de suas ocupações apresentar comentários sobre temas relevantes a sua efetiva implementação, em seu Comentário Geral n. 4, dedicado ao direto à educação inclusiva, menciona os fatores que acabam por se revelar como barreiras à tal mister, destacando-se o fracasso em se compreender e implementar o modelo de direitos humanos de se considerar a deficiência, a discriminação persistente contra as pessoas com deficiência, a falta de conhecimento sobre a natureza e as vantagens da educação inclusiva – mesmo na qualidade da educação em um ambiente de diversidade –, a falta de vontade política, conhecimento técnico e capacitação de profissionais para a inclusão, a existência de mecanismos de financiamento inadequados e inapropriados para fornecer incentivos e adaptações razoáveis para a inclusão de alunos com deficiência, a ausência de dados e pesquisas desagregados e a falta de recursos legais e mecanismos para reclamar reparação por violações (Organização das Nações Unidas, 2016, p. 2).

Evidentemente que se o Estado Parte não observar suas obrigações de executar e fiscalizar a implementação das políticas de um sistema educacional inclusivo, não haverá como se concretizar tal sistema previsto na Convenção. Aliás, os parágrafos 2º, 3º, 4º e 5º, do artigo 24 da Convenção aludem às obrigações do Estado no sentido de assegurar o direito das pessoas com deficiência à educação inclusiva.

O parágrafo 2º, menciona que as pessoas com deficiência não podem ser excluídas do sistema educacional geral em razão de sua deficiência, devendo ser adotadas as adaptações razoáveis quando pertinentes, providenciando-se o apoio necessário para maximizar o seu desenvolvimento acadêmico e social, de acordo com a meta da inclusão social plena.

No que concerne ao parágrafo 3º, estipula-se a obrigação dos Estados Partes de adotarem medidas para a facilitação do aprendizado, especialmente das pessoas com deficiência sensorial. Menciona o aludido dispositivo, por exemplo, a facilitação do aprendizado do braile, escrita alternativa, comunicação aumentativa e alternativa, do aprendizado da língua de sinais e promoção da identidade linguística da comunidade surda.

Destaca-se, ainda, do aludido parágrafo 3º, a disposição sobre a garantia de que a educação, especialmente das crianças cegas, surdocegas e surdas, seja ministrada nas línguas e nos modos e meios de comunicação mais adequados ao indivíduo e em ambientes que favoreçam ao máximo seu desenvolvimento acadêmico e social.

No que tange à capacitação do corpo docente, com o escopo de contribuir para o exercício do direito à inclusão, consoante o parágrafo 4º, do artigo 24 da Convenção, professores, inclusive com deficiência, deverão ser habilitados para o ensino da língua de sinais e/ou braile de modo a capacitar profissionais e equipes atuantes em todos os níveis de ensino, sendo certo que a aludida capacitação deverá incorporar a conscientização da deficiência e a utilização de modos, meios e formatos apropriados de comunicação aumentativa e alternativa, além de técnicas e materiais pedagógicos, como apoio para os alunos com deficiência.

Interessante observar, ainda, o disposto no parágrafo 5º, do aludido artigo 24 da Convenção, ao mencionar que às pessoas com deficiência deve ser assegurado o acesso ao ensino superior, ao treinamento profissional de acordo com sua vocação, além do acesso à educação para adultos e formação continuada, sem discriminação e em igualdade de condições, com as adaptações razoáveis que se façam pertinentes a garantir tal direito.

Outro problema identificado pelo Comitê sobre os Direitos das Pessoas com Deficiência foi a inadequação dos mecanismos de incentivo e adaptações razoáveis à inclusão de alunos com deficiência, o que acaba por impedir que a inclusão de tais pessoas no ambiente escolar ocorra.

O Comitê sobre os Direitos das Pessoas com Deficiência, ainda no bojo do Comentário Geral n. 4, pontuou sobre a diferença entre "integração" e "inclusão" no que tange à educação, salientando que

> integração é o processo de colocar pessoas com deficiência em instituições educacionais tradicionais existentes com o entendimento de que elas podem se ajustar aos requisitos padronizados de tais instituições. A inclusão envolve um processo de reforma sistêmica incorporando mudanças e modificações no conteúdo, métodos de ensino, abordagens, estruturas e estratégias na

> educação para superar barreiras com uma visão que sirva para fornecer a todos os alunos da faixa etária relevante uma experiência de aprendizado participativa e equitativa, que melhor corresponda às suas necessidades e preferências. Colocar os alunos com deficiência nas escolas regulares sem acompanhar as mudanças estruturais para, por exemplo, organização, currículo e estratégias de ensino e aprendizagem, não constitui inclusão. Além disso, a integração não garante automaticamente a transição da segregação para a inclusão (Organização das Nações Unidas, 2016, p. 3)

Importante observar que a "integração", nesse particular, está relacionada à prática própria do indesejado modelo médico que visava "normalizar" a pessoa com deficiência como condição à participação no ambiente escolar regular, como, de resto, na própria sociedade. Já o termo "inclusão" ajusta-se ao modelo social, também denominado paradigma de direitos humanos, e exige a eliminação das barreiras que impeçam a educação da pessoa com deficiência no sistema regular de ensino. Em outras palavras, a deficiência por si só não pode afastar o aluno da escola regular, sob pena de se construir um ambiente educacional erigido na segregação.

Para que a inclusão escolar efetivamente ocorra, há quatro características do sistema educacional que devem ser observadas: disponibilidade, acessibilidade, aceitabilidade e adaptabilidade (Organização das Nações Unidas, 2016, p. 6).

A disponibilidade exige que instituições educacionais públicas e privadas de qualidade e, em quantidade suficiente, estejam disponíveis às pessoas com deficiência.

Por outro lado, a acessibilidade aponta como imperativo que todo o sistema educacional seja acessível a todos, inclusive prédios, ferramentas de comunicação e informação, currículo, materiais educacionais, métodos de ensino, avaliação, linguagem e serviço de apoio. Importante que as tecnologias assistivas sejam empregadas e que na hipótese de que se façam necessárias adaptações razoáveis, que elas sejam propiciadas no sentido de se assegurar o exercício do direito à educação inclusiva.

A aceitabilidade compreende a obrigação de que tudo que esteja relacionado à educação seja pensado em consideração à diversidade humana, observando-se as culturas, opiniões e línguas próprias das pessoas com deficiência de sorte que o projeto educacional de qualidade possa atender a todos.

Quanto à adaptabilidade, pugna tal característica pelo reconhecimento da singularidade de cada aluno, inclusive na forma de aprendizado, exigindo-se a criação de ambientes educacionais flexíveis, passíveis de adaptação em razão das diversas necessidades dos diferentes alunos.

Cabe observar que sempre que necessária for uma adaptação razoável, o direito da pessoa com deficiência nasce no momento em que tal acomodação se mostre pertinente, resguardando-se a universalidade do acesso à educação.

Destarte, verifica-se a dificuldade no reconhecimento das singularidades dos alunos no cenário educacional atual. Salienta Lajonquière (2009), que "... as crianças acabam sendo vítimas de um certo "trator pedagógico" que pode condená-las à inibição intelectual ou à repetição ecolálica de conteúdos escolares" (pp. 23-24).

Nesse cenário, desafortunadamente, ainda se busca a "normalização" da pessoa com deficiência, atitude própria do modelo individual, no qual o objetivo é a "cura" de tal indivíduo ou que ele se aproxime ao máximo do considerado normal, em um "furor pedagógico" que acaba por anular esses sujeitos, aniquilando a possibilidade da educação.

Tal "furor pedagógico" vem de há muito, basta lembrar do famoso caso do menino selvagem do Aveyron capturado em Saint-Sernin-sur-Rance, na região de Aveyron. O menino selvagem foi solicitado às autoridades pela *Société des Observateurs de l'Homme* em Paris, instituição integrada por filósofos, naturalistas e médicos, como Pinel e seu discípulo Jean Marc Gaspard Itard.

Em novembro de 1800, Pinel divulgou seu entendimento de que o menino selvagem de Aveyron se assemelhava aos idiotas que se encontravam internados em Bicêtre pois as funções do sentido do menino selvagem não poderiam ser restauradas (Lajonquière, 2010, p. 127). Itard, contudo, divergiu de seu mestre com a percepção de que as limitações apresentadas pelo menino selvagem derivariam da privação de contato social. Ele então conduziu o "tratamento moral" do selvagem, a quem foi atribuído o nome de Victor. No entanto, o aludido "tratamento moral" não surtiu o efeito augurado por Itard que abandonou a intervenção após cinco anos.

Nesse passo, deveras oportuna a comparação lançada por Lajonquière entre o tratamento moral de Itard aplicado a Victor e a experiência de Anne Sullivan, no sentido oposto, com Helen Keller, esta uma menina surda e cega desde um ano e meio de idade. O encontro entre Anne e Helen se deu quando a menina tinha sete anos, em Tuscumbia, localidade situada no extremo noroeste do Estado do Alabama, nos EUA, em 1887.

Os pais de Helen Keller haviam cogitado até mesmo encaminhá-la a um asilo, considerando não propriamente a sua deficiência sensorial, mas o reflexo no seu comportamento que tornava difícil a convivência. Nesse cenário é que Anne Sullivan é trazida para uma tentativa de educar a menina Helen, evitando seu encaminhamento naquela oportunidade à internação asilar.

Anne não tinha o *status* acadêmico de Itard, mas diferentemente dele não estava imbuída de seu "furor pedagógico" que colocou Victor na posição de objeto, augurando "fabricar o outro à nossa imagem e semelhança" (Lajonquière, 2017, p. 81). As incertezas de Anne na condução do processo educativo de Helen revelam que ela, como sua aluna, tateava na escuridão para poder descobrir o outro, algo absolutamente diverso da certeza do saber que pairava no tratamento moral de Itard. Lajonquière 2017, aponta que

> Anne queria simplesmente falar com Helen e para tanto recorria à única forma possível quando se trata de um interlocutor cego e surdo - o alfabeto manual. Por sua parte, ltard não *falava com* Victor, porém sim *falava dele* para outros através de seus relatórios, em particular endereçados a seus colegas da *Société des Observateurs de l'Homme* e ao ministro do interior. (p. 94)

A implicação pessoal e íntima de Anne no processo educativo de Helen, valorizando as singularidades, propiciou que esta se posicionasse como sujeito de desejo, sendo que "Anne Sullivan sabia sem saber que Helen a amava. Mais ainda, como Anne se proibia corresponder a esse amor, fazia então operar a *ideia de pai* no miolo da educação" (Lajonquière, 2017, p. 99).

O resultado da intervenção educativa de Anne propiciou a inserção de Helen no campo da palavra e da linguagem, sendo que Helen foi escritora e formou-se em filosofia, tendo inclusive apreendido versões orais do inglês e do francês, ou seja, logrou sua inclusão efetiva na sociedade; enquanto que Victor, abandonado por Itard, veio a falecer aos quarenta anos, nunca sendo reconhecido como sujeito de desejo.

A comparação entre as intervenções de Itard e Anne tem grande relevância ao pretendermos enfrentar o desafio da educação de pessoas com deficiência na atualidade, pois o discurso psicopedagógico hegemônico, ao se olvidar da necessidade de se resgatar na pessoa com deficiência o sujeito de desejo, aproxima-se de Itard, com seu "trator pedagógico" que conduz ao fracasso da educação. Tal poderá resultar em um impasse a induzir uma precipitada conclusão à la Itard, de que a educação pode não ser possível em relação à parcela de tal público, em especial das pessoas com deficiência, pois a massificação do ensino pouco tem a ver com o envolvimento pessoal propício a estabelecer o laço do desejo, como ensina a exitosa experiência de Anne Sullivan e Helen Keller.

Em suma, é desejável que os educadores ao se deparar com crianças que apresentem dificuldade em estabelecer o laço educativo, em vez de buscarem laudos médicos para as rotular e, assim, justificar a impossibilidade de aplicação do discurso psicopedagógico, inviabilizando seu posicionamento como sujeito por questões biológicas, procurem estabelecer o laço pedagógico e, para tanto, tenham o suporte das respectivas instituições de ensino, lembrando, sempre, que o aludido liame educativo não diz apenas da criança, mas, também, dele, adulto educador que deve, efetivamente, estar envolvido no propósito educacional inclusivo em relação às pessoas com deficiência.

Implementar de forma plena a inclusão das pessoas com deficiência em todas as escolas regulares do país é o ponto fulcral para que tenhamos as condições efetivas para a inclusão das pessoas com deficiência em sociedade. Isso porque, de um lado, as crianças com deficiência, desde a mais tenra idade apreenderão que seu espaço é aquele comum com as demais crianças, havendo o apoio necessário para tanto, sempre com o intuito de fazer a inclusão da forma mais adequada, tanto para a criança a ser incluída quanto para as demais, observando-se sempre, que o espaço educativo pertence a todas da mesma forma, garantindo-se a igualdade de oportunidades.

De outro lado, as demais crianças também terão a oportunidade, dentro de um projeto pedagógico que respeite as singularidades e propicie a reflexão sobre a relevância da diversidade, de conviver com a diferença e, assim, sob os auspícios da ideia de uma educação mais ampla, lograr a formação de cidadãos, que são tão necessários ao nosso país na atualidade.

Evidente que, especialmente nas escolas públicas, há escassez de recursos de toda ordem. Contudo, isso não inviabiliza o desenvolvimento de profícuos projetos de educação inclusiva. Como exemplo de prática inclusiva em escola pública, temos a experiência da Escola Clarisse Fecury, situada em Rio Branco, no Estado do Acre. Sobre ela, descreve Rodrigo Mendes (2018) que

> o compromisso da escola com a garantia do direito de todos estudarem não conflitava com sua missão de propiciar o desenvolvimento integral de seus alunos. Esse posicionamento era viabilizado por um conjunto de fatores, a começar pelas políticas públicas do território. Tive a oportunidade de conversar com os secretários municipal e estadual de educação, que trabalhavam em regime de colaboração. Ambos mostraram competência para desenvolver um modelo democrático de ensino. Uma das marcas desse modelo era

> o investimento contínuo em formação de educadores. Parcerias estabelecidas com outras instituições propiciavam diferentes tipos de suporte à equipe pedagógica da escola... A escola entendia a avaliação como um processo contínuo ao longo do ano. Ao invés de aplicar provas pontuais, a equipe pedagógica utilizava um instrumento de avaliação baseado nas competências adquiridas pelos educandos e estabelecia notas para as diferentes atividades realizadas rotineiramente.
> Liderança comunitária, investimento contínuo em formação de educadores e reuniões diárias de planejamento eram algumas das estratégias que explicavam o êxito da escola na criação de condições genuínas de conciliar socialização e aprendizagem. (pp. 223-224)

Portanto, a só escassez de recursos não impede que por meio da mobilização da sociedade, até mesmo para se estabelecer parcerias, seja viável implementar a educação inclusiva de forma adequada, de modo a afastar preconceitos e estigmas que apenas eternizam a exclusão das pessoas com deficiência.

As experiências como a da escola pública Clarisse Fecury comprovam que a inclusão feita adequadamente, atenta as singularidades de cada aluno, propicia um ganho em termos de formação para a cidadania de todas crianças e, ainda, garante um ensino de qualidade, afastando a dicotomia entre inclusão e aprendizagem. Nesse sentido, sugere Mendes (2018), após descrever experiências educativas no Brasil e alhures, que:

> nenhuma das referências aqui citadas rendeu-se à dicotomia "educação para mercado *versus* educação para cidadania". Mais do que isso, indicaram que é possível transcender as ciladas representadas pela escolha simplista entre dois extremos e perseguir uma educação baseada na soma. Sob outro ponto de vista, assumo a crença de que a educação que precisamos não deve se contentar com a formação de pessoas que se limitam a seguir as regras do jogo, a enxergar o mundo tal como o herdamos. Precisamos buscar um tipo de educação que nutra o desenvolvimento de cidadãos críticos e incomodados. Isso implica considerarmos a formação de seres humanos capazes de romper com visões dicotômicas e interferir positivamente na complexa tessitura de uma sociedade coesa e igualitária... Não bastasse ser um direito, a educação inclusiva é uma resposta mais inteligente às demandas do mundo contemporâneo. Incentiva uma pedagogia não homogeneizadora e desenvolve competências interpessoais. A sala de aula deveria espelhar a diversidade humana, não escondê-la. Claro que isso gera novas tensões e conflitos, mas também estimula as habilidades morais para a convivência democrática. O resultado final é uma educação melhor para todos. (pp. 230-231)

Constata-se que a educação inclusiva vem romper com a prática homogeneizadora, que ignora as singularidades e é prejudicial não só às crianças com deficiência, mas a todas as crianças, pugnando pelo olhar atento a cada estudante, suas características inerentes, valorizando-se a diversidade e almejando-se uma formação do indivíduo não só pelo acúmulo de conhecimento teórico, mas pela vivência no seio da diversidade própria da sociedade, lapidando-se os indispensáveis cidadãos como protagonistas da construção da augurada sociedade livre, justa e solidária com fundamento na dignidade da pessoa humana, como anuncia a Constituição da República de 1988.

REFERÊNCIAS

Angelucci, C. B. & Rodrigues, I. de B. (2018). Heranças Renitentes do Modelo Biomédico na Educação Especial: O que se Pe(r)de no Encontro entre Profissionais da Educação e da Saúde? In P. Amarante; A. M. F. Pitta & W. F. de Oliveira (Orgs.). *Patologização e medicalização da vida: epistemologia e política.* 1ª ed. (pp. 99-112). Zagodoni.

Araújo, L. A. D. & Maia, M. (2018). A efetividade (ou a falta de efetividade) da Convenção sobre os Direitos das Pessoas com Deficiência da ONU. In E. A. Gonzaga & J. L. R. de. Medeiros. *Ministério Público, Sociedade e a Lei Brasileira de Inclusão da Pessoa com Deficiência.* (pp. 35-58). ESMPU.

Barroso, L. R. (2018). *O Curso de Direito Constitucional Contemporâneo: os conceitos fundamentais e a construção do novo modelo.* 7ª ed. Saraiva.

Beckett, A. E. (2009). "Challenging disabling attitudes, building an inclusive society": considering the role of education in encouraging non-disabled children to develop positive attitudes towards disabled people. *British Journal of Sociology of Education, 30*(3), 317-329. https://doi.org/10.1080/01425690902812596

Canotilho, J. J. G. (2003). *Direito Constitucional e Teoria da Constituição.* 7ª ed. Almedina.

Constituição da República Federativa do Brasil de 1988. (1988). http://www.planalto.gov.br/ccivil_03/Constituicao/ConstituicaoCompilado.htm.

Decreto n. 99.710 de 21 de novembro de 1990. (1990). Promulga a Convenção sobre os Direitos da Criança. http://www.planalto.gov.br/ccivil_03/decreto/1990-1994/D99710.htm

Decreto n. 6.949 de 25 de agosto de 2009. (2009). Promulga a Convenção Internacional sobre os Direitos das Pessoas com Deficiência e seu Protocolo Facultativo, assinados em Nova York, em 30 de março de 2007. http://www.planalto.gov.br/ccivil_03/_ato2007-2010/2009/decreto/d6949.htm

Lajonquière, L. de. (2009). *Infância e Ilusão (psico)pedagógica: escritos de psicanálise e educação.* Vozes.

Lajonquière, L. de. (2010). *Figuras do infantil: a psicanálise na vida cotidiana com as crianças.* Vozes.

Lajonquière, L. de. (2017). O selvagem poderia ter falado? Ou das condições estruturais de uma educação. In L. Banks-Leite; I. Galvão & D. Dainez (Org.). *O garoto selvagem e o Dr. Jean Itard.* (pp. 79-100). Mercado de Letras.

Mendes, R. H. (2018). Ciladas da dicotomia entre inclusão e aprendizagem. In E. A. Gonzaga & J. L. R. de. Medeiros. *Ministério Público, Sociedade e a Lei Brasileira de Inclusão da Pessoa com Deficiência.* (pp. 221-233). ESMPU.

Oliver, M. (1996). *Understanding Disability: From Theory to Practice.* St. Martin´s Press.

Organização Das Nações Unidas. (1948). Declaração Universal dos Direitos Humanos. Aprovada pela Resolução 217 A (III) da Assembleia Geral. https://www.ohchr.org/EN/UDHR/Documents/UDHR_Translations/por.pdf

Organização Das Nações Unidas. (1993). General Assembly Resolution 48/96 – Standard Rules on the Equalization of Opportunities for Persons with Disabilities. http://www.un.org/documents/ga/res/48/a48r096.htm.

Organização Das Nações Unidas. (2016). General Comment No. 4 – Committee on the Rigths of Persons with Disabilities. CRPD/C/GC/4. https://www.ohchr.org/en/hrbodies/crpd/pages/gc.aspx

Palacios, A. (2008). *El modelo social de discapacidad: orígenes, caracterización y plasmación en la Convención Internacional sobre los Derechos de las Personas con Discapacidad.* Grupo Editorial Cinca.

Supremo Tribunal Federal. (2016). Acórdão na Ação Direta de Inconstitucionalidade n. 5357. Relator Ministro Edson Fachin. DJe 240. http://redir.stf.jus.br/paginadorpub/paginador.jsp?docTP=TP&docID=12012290

Unesco. (1994). The Salamanca Statement and Framework for Action on Special Needs Education. http://www.unesco.org/education/pdf/SALAMA_E.PDF

World Conference On Education For All. (1990). World Declaration on Education for All. http://www.unesco.org/education/pdf/JOMTIE_E.PDF

A JUDICIALIZAÇÃO DO DIREITO À EDUCAÇÃO DA PESSOA COM DEFICIÊNCIA À LUZ DA JURISPRUDÊNCIA DO TRIBUNAL DE JUSTIÇA DO ESTADO DE SÃO PAULO

Renata Flores Tibyriçá

1. INTRODUÇÃO

A Convenção Internacional sobre os Direitos das Pessoas com Deficiência reconhece que as pessoas com deficiência têm direito à educação e determina, em seu artigo 24, parágrafo 1º, que os Estados Partes signatários assegurarão um sistema educacional inclusivo em todos os níveis e o aprendizado ao longo de toda a vida para as pessoas com deficiência.

A Convenção, que tem *status* de emenda constitucional no direito brasileiro por ter sido aprovada nos termos do art. 5, parágrafo 3º da Constituição Federal, dispõe ainda que, para efetivar o direito à educação, os Estados Partes (art. 24, parágrafo 2º, alíneas c, d e e) assegurarão adaptações razoáveis de acordo com as necessidades individuais; apoio necessário para facilitar, no âmbito do sistema educacional geral, a efetiva educação de alunos com deficiência e medidas de apoio individualizadas e efetivas em ambientes que maximizem o desenvolvimento acadêmico e social, de acordo com a meta de inclusão plena.

A Lei Brasileira de Inclusão da Pessoa com Deficiência (LBI - Lei 13.146/15), considerando o *status* de emenda constitucional da Convenção, reproduz os referidos artigos e amplia seu alcance nos artigos 27, caput, e art. 28, inc. I, V e IX.

2. ATENDIMENTO EDUCACIONAL ESPECIALIZADO (AEE)

A Constituição Federal, entretanto, no que se refere ao direito à educação das pessoas com deficiência, dispõe que uma das formas de cumprimento do dever do Estado com a educação será mediante a garantia de atendimento educacional especializado (AEE) aos portadores de deficiência, preferencialmente na rede regular de ensino (art. 208, inc. III).

O Estatuto da Criança e Adolescente (ECA), em seu art. 54, inciso III, e a Lei de Diretrizes e Bases da Educação (LDB), em seu art. 4°, inciso III, reproduzem de forma idêntica o dispositivo constitucional. Entretanto, nenhum dos diplomas legais conceitua o que é atendimento educacional especializado (AEE).

A Lei Brasileira de Inclusão, embora mencione o AEE entre as obrigações do Poder Público, também aplicável às escolas privadas, conforme art. 28, parágrafo 1°, não o conceitua.

A conceituação atual de AEE pode ser encontrada na Política Nacional de Educação Especial na Perspectiva da Educação Inclusiva, que declara que o AEE: "tem como função identificar, elaborar e organizar recursos pedagógicos e de acessibilidade que eliminem barreiras para a plena participação dos estudantes, considerando suas necessidades específicas" (Ministério da Educação, 2008).

A Política Nacional (2008) ressalta que "as atividades desenvolvidas no atendimento educacional especializado diferenciam-se daquelas realizadas na sala de aula comum, não sendo substitutivas à escolarização", sendo, portanto, complementar e/ou suplementar. As atividades abrangem enriquecimento curricular, ensino de linguagens e códigos específicos de comunicação e sinalização e tecnologia assistiva, devendo ser articulada com a proposta pedagógica do ensino comum. O acompanhamento do AEE se dá por meio de instrumentos que possibilitem o monitoramento e avaliação da oferta realizada tanto nas escolas públicas como em centros de AEE especializados, públicos ou conveniados.

O Decreto 7611/11, por sua vez, posterior a Convenção Internacional sobre os Direitos das Pessoas com Deficiência, traz o conceito de AEE e o define como um conjunto de atividades, recursos de acessibilidade e pedagógicos organizados institucional e continuamente.

Desse modo, pela Política Nacional da Educação Especial na Perspectiva da Educação Inclusiva e pelo Decreto 7611/11, AEE deixa de ser sinônimo de "escola especial" de forma substitutiva e passa a ser este conjunto de atividades, recursos de acessibilidade e pedagógicos que são prestados para os alunos com deficiência e transtorno global do desenvolvimento de forma complementar a sua formação como apoio limitado no tempo e na frequência dos estudantes às salas de recursos multifuncionais (art. 2°, parágrafo 1°, inc. I).

Nesse sentido, de acordo com o Decreto 7611/2011, o aluno com deficiência deve estar matriculado em escolas de educação básica em salas não segregadas e receber, no contraturno, atendimento educacional especializado (AEE) em salas de recursos multifuncionais (SRMs), o que pode acontecer na própria escola onde o aluno está matriculado ou em Centros de AEE conveniados. Ainda, a educação especial deve garantir os serviços de apoio especializado voltados a eliminar as barreiras que possam obstruir o processo de escolarização dos alunos com deficiência e transtorno global do desenvolvimento (art. 2º, caput, do Decreto 7611/2011).

3. MEDIDAS DE APOIO NAS ESCOLAS PARA PESSOAS COM DEFICIÊNCIA

A Convenção Internacional sobre os Direitos das Pessoas com Deficiência, como mencionado na introdução dispõe, em seu art. 24, nº 2, b, que os Estados Partes signatários garantirão "medidas de apoio individualizadas e efetivas" em ambientes que maximizem o desenvolvimento acadêmico e social, de acordo com a meta de inclusão plena (Decreto n. 6.949, 2009).

Embora os termos "apoios" e "medidas de apoio" sejam utilizados pela Convenção e, também, pela LBI, a legislação não o conceitua. O conceito de apoios foi localizado de forma clara e direta na literatura da área de educação de Portugal (Tibyriçá, 2019). Correia (2010) explica que os apoios educativos podem ser definidos como o conjunto de intervenções prescritas pelas planificações e que buscam dar ao aluno com necessidade educacional especial (NEE) um rol de competências que possam contribuir para a sua inserção futura na sociedade.

Dessa forma, como se verifica pelo conceito acima, os apoios devem ser definidos numa planificação, ou seja, no plano educacional individualizado (PEI) ou plano de ação pedagógica ou plano pedagógico especializado. Esse plano, para que possa ser elaborado, depende da identificação do aluno e depois sua avaliação, preferencialmente, por meio de uma equipe multidisciplinar para que se verifiquem os impedimentos, as barreiras existentes e o que é necessário para garantir a participação em igualdade de condições com as demais pessoas (Tibyriçá, 2019).

De acordo com o conceito de pessoa com deficiência previsto na Convenção Internacional sobre os Direitos das Pessoas com Deficiência e reproduzido pela LBI (art. 2º), os impedimentos podem ser de natureza física, mental, intelectual e sensorial, e, conforme o conceito de barreiras trazido pela LBI (art. 3º, IV), essas podem ser: urbanísticas, arquitetônicas, nos transportes, na comunicação e na informação, atitudinais e tecnológicas.

Nesse sentido, para que um aluno com deficiência supere as barreiras existentes, devem-se garantir medidas de apoio, isto é, intervenções necessárias definidas num PEI que buscam oferecer um rol de competências ao aluno e permitir que participe da escola em igualdade de condições com as demais pessoas (Tibyriçá, 2019).

São diversas as formas que essas intervenções podem se manifestar a fim de que o aluno supere as barreiras. Exemplos disso são a garantia de uma estrutura física acessível à pessoas com impedimento físico, visando a eliminação de barreiras arquitetônicas e urbanísticas e a garantia do ensino de língua brasileira de sinais (Libras), braile, comunicação aumentativa ou alternativa, ou material adaptado com a finalidade de eliminar barreiras de informação e comunicação, entre outras intervenções.

O profissional de apoio escolar, de acordo com o art. 3º, inc. XIII, da LBI, é a

> pessoa que exerce atividades de alimentação, higiene e locomoção do estudante com deficiência e atua em todas as atividades escolares nas quais se fizer necessária, em todos os níveis e modalidades de ensino, em instituições públicas e privadas, excluídas as técnicas ou os procedimentos identificados com profissões legalmente estabelecidas" (Decreto n. 6.949, 2009).

Assim, o profissional de apoio escolar, cuja profissão até o momento não está regulamentada, apoia atividades da vida diária como alimentação, higiene e locomoção, fazendo, conforme o previsto, as atividades de um cuidador. Dessa forma, são profissionais que contribuem especialmente com pessoas que tenham impedimentos físicos, intelectuais ou mentais para realização dessas intervenções e visam garantir a superação de barreiras arquitetônicas e, também, de comunicação e informação.

A Lei 12.764/12, que tratou da Política Nacional de Defesa dos Direitos das Pessoas com Transtorno do Espectro Autista (TEA) prevê, em seu art. 2º, inc. IV, a possibilidade de concessão de acompanhante especializado, nos casos em que houver comprovada necessidade para alunos com TEA inseridos nas classes comuns de ensino regular. Conforme o art. 3º, parágrafo 2º, do Decreto 8.368/14, que regulamentou a Lei 12.764/12, o acompanhante especializado, cuja formação não vem definida em lei e cuja profissão não está regulamentada, dará apoio aos alunos para atividade de comunicação, interação social, locomoção, alimentação e cuidados pessoais. Logo, o acompanhante especializado contribuirá para eliminação de barreiras de comunicação e informação, assim como de barreiras arquitetônicas.

Na legislação brasileira, porém, não há a obrigatoriedade de elaboração de um plano educacional individualizado (PEI). Há, por outro lado, a previsão de elaboração de um Plano de Atendimento Educacional Especializado (PAEE), conforme art. 27, VII, da LBI, art. °, 10, IV, e 13, II, da Resolução CNE/CEB nº 4/2009 e Nota Técnica do MEC 04/2014. Isso significa que, para que o aluno tenha a disponibilização de medidas de apoio no sistema educacional brasileiro, é essencial que ele esteja matriculado no AEE, prestado na sala de recursos multifuncionais, para então ter seu Plano de AEE, elaborado e executado pelo professor de AEE, o qual identificará as necessidades educacionais específicas do aluno, definirá os recursos necessários e as atividades a serem desenvolvidas.

4. ANÁLISE DA JURISPRUDÊNCIA DO TRIBUNAL DE JUSTIÇA DO ESTADO DE SÃO PAULO

No intento de se analisar os instrumentos jurídicos processuais mais comumente utilizados para discussão das violações do direito à educação das pessoas com deficiência e os pedidos que tem sido deduzidos judicialmente, bem como a quais deficiências se referem, realizou-se uma busca no item "consulta de jurisprudência" no banco de dados do Tribunal de Justiça do Estado de São Paulo utilizando-se, no campo pesquisa livre de jurisprudência, os termos "direito à educação" e "pessoas com deficiência", referente ao período de 01 de janeiro de 2019 a 31 de dezembro de 2019.

A busca foi restrita às decisões colegiadas, ou seja, aos acórdãos, e retornou 312 acórdãos referentes ao período de 01/01/2019 a 31/12/2019. Foram, então, lidas e analisadas as ementas de julgamento para excluir temas que não se referiam diretamente ao direito à educação da pessoa com deficiência – como isenção de IPVA, transporte para fins de saúde, reformas em escola sem foco para acessibilidade –, resultando, após essa filtragem, 275 acórdãos.

Cabe ressaltar que o acesso ao referido site do Tribunal de Justiça do Estado de São Paulo é público e os acórdãos resultantes da busca realizada não se encontram em acesso privado.

Dos 275 acórdãos, após a análise e separação por temas, conforme a metodologia acima, verificou-se que o instrumento jurídico processual mais utilizado foi a ação pelo rito ordinário com pedido de condenação em obrigação de fazer, geralmente contra Município ou Estado, já que costumam se tratar de escolas públicas. Houve, ainda, impetração de mandado de segurança e, também, ação civil pública pelo Ministério Público de cunho individual e, também, coletivo.

As ações foram propostas na sua quase totalidade, até por se referirem a questões de educação e, portanto, a direito de crianças e adolescentes, nas Varas da Infância e Juventude ou nas Varas que tem esta competência, seguindo jurisprudência dominante do Tribunal de Justiça do Estado de São Paulo (TJ/SP), consubstanciada na Súmula 68: "Compete ao Juízo da Infância e da Juventude julgar as causas em que se discutem direitos fundamentais de crianças ou adolescentes, ainda que pessoa jurídica de direito público figure no pólo passivo da demanda" e na Súmula 115: "O Juízo da Infância e da Juventude é competente para o cumprimento das sentenças proferidas no âmbito de sua jurisdição".

Além disso, os recursos dessas ações como Agravo de Instrumento ou Apelação ou Reexame Necessário foram analisados pela Câmara Especial do Tribunal de Justiça de São Paulo (TJ/SP), a qual tem a competência para julgamento de ações relacionadas a infância nos termos do art. 33, inc. IV, do Regimento Interno do TJ/SP.

A maior parte dos pedidos dessas ações referiam-se ao fornecimento ou disponibilização de apoios nas escolas regulares, notadamente, professor auxiliar, especializado ou não, ou profissionais de apoio, especializados ou não, ou cuidador, ou acompanhante especializado. Por outro lado, houve ainda pedidos de matrícula em escola especializada e de custeio de escolas privadas regulares. Além disso, houve pedidos de transporte especializado, notadamente para escolas especiais.

Não foi identificado pelas ementas dos acórdãos nenhuma ação na qual houvesse pedido de elaboração de avaliação pedagógica do aluno ou elaboração de plano de atendimento educacional especializado (PAEE) ou pedido de elaboração de plano educacional individualizado (PEI). Também não foram identificados pedidos de execução de PAEE ou PEI que tenham sido elaborados pela escola e deixaram de ser cumpridos.

As condições que mais levaram a judicialização na área da educação foram o transtorno do espectro autista, associado a outras condições ou não, a deficiência intelectual e atrasos no desenvolvimento ou transtornos do desenvolvimento não especificados. Entre os pedidos, constam, também, condições decorrentes de síndrome genéticas raras, paralisia cerebral, síndrome de Down, transtorno de déficit de atenção e hiperatividade (TDAH), hidrocefalia, encefalopatia e cegueira, bem como outras alterações da visão.

Considerando a quantidade de ementas pesquisadas, decidiu-se por não relacionar todos os acórdãos, mas analisar, a partir de uma escolha aleatória, algumas das ações propostas e julgadas para exemplificação.

A ação abaixo retrata bem a maioria dos pedidos deduzidos, ou seja, ação pelo rito ordinário com pedido de condenação em obrigação de fazer proposta contra a Fazenda Pública do Estado de São Paulo referente a uma criança com transtorno do espectro autista de escola pública estadual. A sentença determinou a disponibilização de professor auxiliar ou profissional que lhe faça esporadicamente, com capacitação para prestar atendimento especializado que a criança necessita, mas não necessariamente em regime de exclusividade, sendo o docente destacado dos quadros da Secretaria de Estado da Educação. A ementa do acórdão segue abaixo:

> APELAÇÃO e REMESSA OFICIAL. AÇÃO DE OBRIGAÇÃO DE FAZER. Estudante de escola estadual, diagnosticado com transtorno do espectro autista. Pretensão de fornecimento de professor auxiliar para seu acompanhamento durante o período escolar. Comprovação da necessidade da assistência educacional pleiteada. Direito fundamental à educação das crianças e adolescentes com necessidades especiais. Previsão pela Constituição Federal e legislação infraconstitucional. Princípios da isonomia e da dignidade da pessoa humana, que determinam gestão educacional direcionada à plena e efetiva inclusão de alunos nestas condições. Ausência de violação à autonomia administrativa e à separação dos poderes. Recursos aos quais se nega provimento.
> (TJSP; Apelação / Remessa Necessária 1001903-93.2019.8.26.0032; Relator (a): Issa Ahmed; Órgão Julgador: Câmara Especial; Foro de Araçatuba - 2ª Vara das Execuções Criminais e Anexo da Infância e da Juventude; Data do Julgamento: 17/12/2019; Data de Registro: 17/12/2019)

A necessidade foi comprovada com base em laudo médico que indicou as necessidades educacionais especiais em virtude de limitações de cognição e socialização e a obrigação de contratação de profissional especializado decorreu do direito fundamental à educação, baseando-se na Constituição Federal (art. 206, I, e art. 208, III) e na legislação infraconstitucional (Estatuto da Criança e Adolescente, Lei de Diretrizes e Bases da Educação e Lei Brasileira de Inclusão, art. 28, II). Desse modo, a sentença foi mantida na sua integralidade pelo acórdão, negando provimento à remessa oficial e apelação da Fazenda Pública do Estado de São Paulo.

Em outra ação semelhante, houve julgamento de recurso de agravo de instrumento em mandado de segurança cuja tutela de urgência havia sido concedida. No agravo, o Estado de São Paulo alegava não haver comprovação de necessidade do professor auxiliar e previsão que obrigasse o ente público a contratar o profissional. Inicialmente houve concessão parcial do efeito suspensivo e depois foi negado provimento ao recurso para manter a decisão de 1º grau. Consta na ementa:

> AGRAVO DE INSTRUMENTO. MANDADO DE SEGURANÇA. Liminar concedida para disponibilização de professor auxiliar. Atendimento educacional especializado. Menor diagnosticado com transtorno do espectro autista. Necessidade de acompanhamento especial na sala de aula. Análise estrita aos elementos ensejadores da liminar no mandamus (art. 7º, III, da Lei nº 12.016/2009). Inteligência dos arts. 205 e 208, I e III, CF; art. 59, III, da Lei nº 9.394/96 (LDB) e Lei nº 13.146/15. Desnecessidade de atendimento exclusivo. Precedentes. RECURSO NÃO PROVIDO, COM OBSERVAÇÃO.
> (TJSP; Agravo de Instrumento 3003401-92.2019.8.26.0000; Relator (a): Sulaiman Miguel; Órgão Julgador: Câmara Especial; Foro de Suzano - 1ª Vara Criminal; Data do Julgamento: 16/12/2019; Data de Registro: 16/12/2019).

A decisão liminar foi mantida com base em recomendação médica, fundamentada nos arts. 208, III, e 227, parágrafo 1º, II, da Constituição Federal; arts. 54, III, e 208, II, do Estatuto da Criança e do Adolescente, art. 59, III, da Lei de Diretrizes e Bases da Educação; arts. 4º, 5º, 8º, 9º, II e V, 27 e 28, X e XI da Lei Brasileira de Inclusão e, ainda, no art. 3º, parágrafo único da Lei 12.764/12.

Na decisão houve a observação da possibilidade de compartilhamento do profissional especializado desde que na mesma sala de aula, haja vista que a exclusividade acarretaria gastos excepcionais que poderiam inviabilizar o oferecimento do serviço se utilizado indiscriminadamente.

Por outro lado, houve também pedidos recorrentes de disponibilização de vaga em escola especializada. Na situação da ementa abaixo, o pedido foi feito para criança com síndrome de Edwards, disfagia, deficiência auditiva, traqueostomia, gastrostomia, asma e rinite, contra Município de Guarulhos para que fornecesse vaga em escola especializada, material, uniforme e transporte ida e volta:

> OBRIGAÇÃO DE FAZER. REEXAME NECESSÁRIO. DIREITO AO ENSINO FUNDAMENTAL. MENOR PORTADOR DE SINDROME DE EDWARDS E OUTRAS ENFERMIDADES. ESCOLA ESPECIALIZADA. TRANSPORTE. Direito ao ensino fundamental. Garantia constitucional. Dever do Estado. Menor portador de Síndrome de Edwards e outras enfermidades. Escola especializada. Cumpre ao poder público garantir ao portador de deficiência os meios necessários para a frequência regular e aproveitamento escolar em estabelecimento de ensino adequado às suas necessidades. Multa. Redução do valor arbitrado (R$300,00) ao valor de R$250,00 limitada ao teto de R$ 25.000,00. Razoabilidade e proporcionalidade. Valor a ser revertido ao Conselho dos Direitos da Criança e do Adolescente do Município. Dou provimento, em parte, ao reexame necessário.

(TJSP; Remessa Necessária Cível 1037563-28.2017.8.26.0224; Relator (a): Evaristo dos Santos (Pres. da Seção de Direito Público); Órgão Julgador: Câmara Especial; Foro de Guarulhos - Vara da Infância e da Juventude, Protetiva e Cível; Data do Julgamento: 11/12/2019; Data de Registro: 11/12/2019).

O acórdão manteve a sentença a partir do laudo médico, tendo apenas reduzido o valor da multa arbitrada. A decisão baseou-se nos arts. 206, 208, I e III, e 209, I, da Constituição Federal; arts. 53, V, 54, III e IV, e 98, I, do Estatuto da Criança e Adolescente; arts. 4º, III e VIII, e 59, III, da Lei de Diretrizes e Bases da Educação e art. 4º parágrafo único, alínea "b", 11, § 1º e 208, incisos II e VII; e arts. 27 e 28 da Lei Brasileira de Inclusão.

Em outro caso, de acordo com a ementa abaixo, foi proposta ação de obrigação de fazer que foi julgada parcialmente procedente contra Estado de São Paulo e Município de São Paulo para fornecer atendimento adequado em entidade particular especializada conforme previsto no relatório médico:

> APELAÇÃO. Adolescente diagnosticado com autismo e retardo mental leve, que objetivava o custeio integral, pelo Estado, de seu atendimento em entidade particular. Sentença de parcial procedência. Acesso à educação especializada. Direito público subjetivo conferido às crianças e adolescentes pela Constituição Federal, pelo Estatuto da Criança e do Adolescente e pelas leis nº 7.853/89, 9.394/96 e 12.764/12. O custeio de instituição privada somente é cabível na hipótese de inexistência de instituição específica pública ou conveniada. Escolha da instituição de ensino. Providência que, via de regra, não compete à parte, sob pena de vulneração do princípio da discricionariedade conferida à administração pública. Atestado médico e relatório interdisciplinar que apontam a necessidade do atendimento especializado. Inafastabilidade da obrigação conferida ao Município. Imposição que não caracteriza ingerência indevida do Poder Judiciário na Administração Pública. Súmulas 63 e 65 deste Eg. Tribunal de Justiça. Isenção de custas e despesas processuais por força do artigo 141, § 2º, da lei nº 8.069/90. Honorários advocatícios. Redução da verba honorária para R$ 950,00. Sopesamento dos parâmetros do art. 85, §§s 2º, 8º e 11, do CPC. Recurso da municipalidade-ré e remessa necessária parcialmente providos.
> (TJSP; Apelação Cível 1019922-16.2014.8.26.0100; Relator (a): Lidia Conceição; Órgão Julgador: Câmara Especial; Foro Regional VII - Itaquera - Vara da Infância e da Juventude; Data do Julgamento: 23/09/2019; Data de Registro: 25/10/2019).

O acórdão baseou-se na Constituição Federal (artigos 1º, inciso III, 3º, inciso IV, 5º, caput, 6º, 196, 198, 205, 208, inciso III e § 1º, 211, § 2º e 227, caput, § 1º, inciso II); no Estatuto da Criança e do Adolescente (artigos 11, § 1º, 53, caput, inciso I, 54, inciso II e § 1º, e 208, inciso II); na Lei de Diretrizes e Bases da Educação (nº 9.394/96 artigo 4º, inciso III e artigos 58 a 60); e na Lei nº 12.764/121 (artigo 3º, inciso IV, alínea a). Também foi feita menção ao art. 24 da Convenção Internacional sobre os Direitos das Pessoas com Deficiência e art. 2.º da Lei 7.853/89.

De acordo com a decisão, não foi privilegiada a escolha de instituição específica pelo autor, mas foi permitido que o Município matriculasse a criança em uma das instituições públicas adequadas às suas necessidades especiais, ficando o custeio de instituição de ensino privado no caso de inexistência de unidade especializada de ensino público ou conveniado.

Assim, da análise dos acórdãos verifica-se que praticamente os mesmos dispositivos são utilizados para concessão de medidas de apoio como também para concessão de matrícula em escola especializada, o que parece decorrer justamente da interpretação do termo atendimento educacional especializado (AEE).

Como visto na explicação sobre AEE, o conceito decorre da Política Nacional de Educação Especial na Perspectiva da Educação Inclusiva e no Decreto 7611/11, já que nem Constituição Federal, Estatuto da Criança e Adolescente, Lei de Diretrizes e Bases da Educação e Lei Brasileira de Inclusão o conceituam.

No entanto, como visto também, o conceito adotado pela Política Nacional e pelo Decreto 7611/11 considera que AEE é prestado de forma complementar e não substitutiva, o que significa dizer que a criança é matriculada na escola regular e o AEE é prestado no contraturno na sala de recursos multifuncional. Esta sim que deve preferencialmente estar localizada na escola regular e excepcionalmente em centros de atendimento educacional especializado, no caso escolas especiais.

Pela jurisprudência paulista, todavia, a interpretação trazida pela Política Nacional e pelo Decreto 7611/11 quanto ao termo AEE não é mencionada nos acórdãos analisados e os mesmos dispositivos constitucionais e legais ora servem para embasar concessão de apoios, ora para concessão de vaga em escola especializada.

5. CONCLUSÃO

Pelo exposto, conforme análise da jurisprudência paulista, em um ano foram proferidos 275 acórdãos referentes ao direito à educação da pessoa com deficiência. Considerando que o ano de 2019 teve 253 dias úteis, significa mais de um acórdão por dia útil. Logo, é possível afirmar que questões referentes às violações ao direito à educação das pessoas com deficiência estão chegando para análise do Poder Judiciário num volume elevado e precisam de um olhar específico de juízes, defensores públicos, promotores de justiça e advogados.

De fato, o direito à educação quando deduzido numa ação judicial deve considerar desde os dispositivos constitucionais (incluindo-se aqui a Convenção Internacional dos Direitos das Pessoas com Deficiência que tem status de emenda constitucional), legais e infralegais sobre direito à educação, até a política pública nacional, estadual e municipal, de acordo com cada local. É, ainda, importante que venha instruído com avaliações, pareceres ou estudos de outras áreas, especialmente da saúde e da educação, a fim de contribuir para uma análise especializada do direito violado, permitindo a constatação dos impedimentos do aluno com deficiência e, também, das barreiras enfrentadas.

Caso a escola tenha elaborado Plano de Atendimento Educacional Especializado (PAEE), como previsto na Nota Técnica 04/2014, na Resolução CNE/CEB n.º 4/2009 e Lei Brasileira de Inclusão ou, ainda, Plano Educacional Individualizado (PEI), embora não previsto em lei, deve também juntá-lo, especialmente se objetivar sua efetivação. Caso o PAEE ou o PEI não tenham sido elaborados, é essencial que, no caso de pedidos de apoios para efetivação da inclusão escolar, ele seja requerido, uma vez que eventual apoio deveria constar dessa planificação.

REFERÊNCIAS

Constituição da República Federativa do Brasil. (1988). http://www.planalto.gov.br/ccivil_03/Constituicao/Constituicao.htm

Correia, L. de M. (2010). O Sistema Educativo Português e as Necessidades Educativas Especiais ou Quando a Inclusão Quer Dizer Exclusão. In *Educação Especial e Inclusão: quem disser que uma sobrevive sem a outra não está no seu perfeito juízo*. 2ª ed. Porto Editora.

Decreto n. 6.949, de 25 de agosto de 2009. (2009). Promulga a Convenção Internacional sobre os Direitos das Pessoas com Deficiência e seu Protocolo Facultativo, assinados em Nova York, em 30 de março de 2007. http://www.planalto.gov.br/ccivil_03/_Ato2007-2010/2009/Decreto/D6949.htm

Decreto n. 7.611, de 17 de novembro de 2011. (2011). Dispõe sobre a educação especial, o atendimento educacional especializado e dá outras providências. http://www.planalto.gov.br/ccivil_03/_Ato2011-2014/2011/Decreto/D7611.htm

Decreto n. 8.368, de 2 de dezembro de 2014. (2014). Regulamenta a Lei 12.764, de 27 de dezembro de 2012, que institui a Política Nacional de Proteção dos Direitos da Pessoa com Transtorno do Espectro Autista. http://www.planalto.gov.br/ccivil_03/_ato2011-2014/2014/Decreto/D8368.htm

Lei n. 9.394, de 20 de dezembro de 1996. (1996). Estabelece as diretrizes e bases da educação. http://www.planalto.gov.br/ccivil_03/Leis/L9394.htm

Lei n. 8.069, de 13 de julho de 1990. (1990). Estatuto da Criança e do Adolescente. http://www.planalto.gov.br/ccivil_03/Leis/L8069.htm

Lei n. 12.764, de 28 de dezembro de 2012. (2012). Institui a Política Nacional de Proteção dos Direitos da Pessoa com Transtorno do Espectro Autista. http://www.planalto.gov.br/ccivil_03/_Ato2011-2014/2012/Lei/L12764.htm

Lei n. 13.146, de 06 de julho de 2015. (2015). Institui a Lei Brasileira da Inclusão da Pessoa com Deficiência (Estatuto da Pessoa com Deficiência). http://www.planalto.gov.br/ccivil_03/_Ato2015-2018/2015/Lei/L13146.htm

Ministério da Educação. (2007). Política Nacional de Educação Especial na Perspectiva da Educação Inclusiva. http://portal.mec.gov.br/seesp/arquivos/pdf/politica.pdf.

Ministério da Educação. (2008). Política Nacional de Educação Especial na perspectiva da Educação Inclusiva. http://portal.mec.gov.br/seesp/arquivos/pdf/politica.pdf

Ministério da Educação. (2014). Nota Técnica 04 de 23 de janeiro de 2014. http://portal.mec.gov.br/index.php?option=com_docman&view=download&alias=15898-nott-04-secadi-dpee-23012014&category_slug=julho-2014-pdf&Itemid=30192

Tibyriçá, R. F. (2019). *As medidas de apoio para as pessoas com Transtorno do Espectro Autista nas escolas públicas na cidade de São Paulo: análise a partir do direito e da educação brasileira e portuguesa comparados* [Tese de Doutorado em Distúrbios do Desenvolvimento, Universidade Presbiteriana Mackenzie].

A LEI DE DIRETRIZES E BASES DA EDUCAÇÃO E A EDUCAÇÃO PARA A PESSOA COM DEFICIÊNCIA: ANÁLISE CRÍTICA E PERSPECTIVAS

Fernanda Paula Diniz
Thiago Helton Miranda Ribeiro

1. INTRODUÇÃO

Os indivíduos com deficiência são sujeitos de direito, dignos de proteção jurídica e que necessitam ter seus direitos efetivados com prioridade.

De acordo com o último censo demográfico do IBGE (Instituto Brasileiro de Geografia e Estatística), datado de 2010, a porcentagem de pessoas com algum tipo de deficiência, no Brasil, é de cerca de 24% (vinte e quatro por cento). Tais valores apresentam variações de região para região, e também com relação ao sexo e o tipo de deficiência.

Fato inegável é que a sociedade ainda não se adequou a pessoas com essa qualidade. Existem várias normas jurídicas e políticas públicas voltadas a essa parte da população, mas ainda há muito a caminhar. Na realidade, a criação desenfreada de normas, sem a mudança da cultura social, de pouco adianta, já que não gera a efetivação de direitos e o surgimento de uma sociedade inclusiva.

No que tange à educação, isso é não é diferente. A legislação prevê a inclusão das pessoas com deficiência de forma ampla no âmbito educacional, sem discriminação, mas não é o que se vê na prática. Exemplos de desrespeito são vistos todos os dias: crianças com deficiência são colocadas da porta para dentro na escola regular sem o atendimento educacional especializado que merecem; recursos de acessibilidade são precários; matrículas de pessoas com deficiência são negadas por inúmeras escolas particulares – ao contrário do que determinado pela lei – e não sofrem qualquer tipo de penalização por parte do Estado; pessoas com deficiência, que se encontram fora da idade escolar, não possuem qualquer estrutura para convivência e desenvolvimento de sua autonomia, entre outras circunstâncias e situações de descaso.

A verdadeira inclusão só pode ser realizada através da implementação de políticas públicas efetivas que, ao mesmo tempo em que tragam a difusão dos instrumentos de proteção dos indivíduos, promovam a construção de novas maneiras de efetivação dos seus direitos.

Nesse sentido, o presente trabalho visa esmiuçar a Lei de Diretrizes e Bases da educação (Lei 9394/96), em consonância com o texto constitucional e a Convenção Internacional da Pessoa com Deficiência, além da legislação esparsa, e ao mesmo tempo, fazer uma análise crítica dessa lei e a propositura de mudanças que possam ser implementadas que promovam a inclusão de fato.

2. A LEI DE DIRETRIZES E BASES DA EDUCAÇÃO E A PESSOA COM DEFICIÊNCIA: DA NECESSÁRIA COMPATIBILIZAÇÃO COM TODO O ARCABOUÇO NORMATIVO PARA AS PESSOAS COM DEFICIÊNCIA

Apesar do tema do presente artigo se cingir ao estudo da Lei de Diretrizes e Bases do que se refere à pessoa com deficiência, deve-se ressaltar que esse estudo não pode ser privado de uma abordagem mais ampla, que leve em conta o texto constitucional e a Convenção Internacional da Pessoa com Deficiência (incorporada em nosso ordenamento jurídico como emenda à Constituição), além de outras normas, como a Lei Brasileira da Inclusão.

O Direito não pode ser estudado de forma segmentada. O Direito Privado e o Direito Público, antes considerados incomunicáveis, são hoje vistos como complementares e dependentes. Desse modo, suas disposições devem ser consonantes, ou seja, o Direito não pode entrar em choque com a Constituição e a sua interpretação deve se dar conforme a Constituição (Von Gehlen, 2002).

Para Virgílio Afonso da Silva (2005, p. 38), "quando se fala em constitucionalização do direito, a ideia mestra é a irradiação dos efeitos das normas (ou valores) constitucionais aos outros ramos do direito".

Prossegue o autor destacando os efeitos da constitucionalização do direito, que poderiam ser da seguinte forma sintetizados: a) *Unificação da ordem jurídica*, que se daria de duas formas: i) as normas constitucionais tornar-se-iam, progressivamente, o fundamento comum dos diversos ramos do direito; ii) com a relativização da distinção entre direito público e direito privado; b) *Simplificação da ordem jurídica*, colocando a Constituição como "norma de referência" do ordenamento jurídico.

A Convenção Internacional sobre os Direitos das Pessoas com Deficiência, que entrou em vigor no Brasil por meio do Decreto 6.949 de 2009, com status constitucional, tem por finalidade maior a garantia da dignidade da pessoa humana. Tal norma se soma à Constituição, e deve também ser vista como fundamento do direito das pessoas com deficiência. O referido diploma elenca princípios gerais, necessários para a concretização da dignidade da pessoa humana, quais sejam: a) independência da pessoa; b) autonomia individual; c) não discriminação; d) respeito pela diferença e pela aceitação das pessoas com deficiência como parte da diversidade humana e da humanidade; e) igualdade de oportunidades; f) acessibilidade (Ribeiro, 2018, pp. 299-300).

Nesse sentido, o Direito das Pessoas com deficiência constitui um verdadeiro microssistema jurídico, como ensina Pietro Perlingieri (2002), que deve ser estudado de forma integrada, como forma de garantir a efetivação de toda a gama de direitos prevista na legislação.

Destarte, inegável que toda essa principiologia, além de disposições específicas, deve ser considerada no estudo do Direito à educação da Pessoa com Deficiência, o que será analisado a seguir, juntamente as disposições da Lei de Diretrizes e Bases.

3. ANÁLISE CRÍTICA DA LEI DE DIRETRIZES E BASES NO PARADIGMA DO DIREITO DA EDUCAÇÃO DA PESSOA COM DEFICIÊNCIA

A Lei de Diretrizes e Bases da Educação (Lei n. 9394/1996) constitui o principal instrumento normativo brasileiro acerca da educação nacional. Ela estabelece os princípios e finalidades da educação, enumerados em seus arts. 2º e 3º.

Esse diploma legal dispõe que a Educação é dever da família e do Estado, e estabelece como um de seus fundamentos a solidariedade humana, colocando como objetivo o pleno desenvolvimento do educando, para que este esteja preparado para a cidadania e o mercado de trabalho (art. 2º).

Nesse sentido, interessante citar o ensinamento de Juliana Izar Soares da Fonseca Segalla (2013) ao comentar o art. 205 da Constituição Federal, que é muito próximo da dicção do art. 2º da LDB:

> A primeira constatação a ser feita é que esse artigo determina que a educação é direito de TODOS e, obviamente, nesse "TODOS" estão as pessoas com deficiência.
> Num segundo lanço, importa observar a ordem estabelecida nesse artigo: o primeiro objetivo da educação, segundo o texto constitucional é o pleno desenvolvimento da pessoa humana. Depois, visa ao seu preparo para o exercício da cidadania e, por fim, sua qualificação para o trabalho... Na prática, parece que a escola inverteu essas prioridades... Tem-se a impressão de que o futuro profissional (de alguns) é só o que importa para a maioria das escolas brasileiras.
> "O pleno desenvolvimento da pessoa humana significa o desenvolvimento em todas as dimensões, não apenas no aspecto cognitivo ou da mera instrução, mas do ser humano integral", ensina Gabriel Chalita...
> Só poderá se desenvolver plenamente como ser humano aquele que tiver a oportunidade de perceber e vivenciar as diferenças. A diversidade compõe a necessária base da educação. (p. 134)

Percebe-se, assim, que o direito educação é muito mais amplo do que simplesmente adquirir informações sobre temas variados; inclui a apreensão de valores, princípios e, principalmente, o respeito à diferença.

Sob esse olhar devem ser estudados os princípios da educação, enumerados no art. 3º da Lei de Diretrizes e Bases, que razão da sua importância, se transcreve:

> Art. 3º O ensino será ministrado com base nos seguintes princípios:
> *I - igualdade de condições para o acesso e permanência na escola;*
> II - liberdade de aprender, ensinar, pesquisar e divulgar a cultura, o pensamento, a arte e o saber;
> III - pluralismo de idéias e de concepções pedagógicas;
> *IV - respeito à liberdade e apreço à tolerância* [ênfase adicionada];
> V - coexistência de instituições públicas e privadas de ensino;
> VI - gratuidade do ensino público em estabelecimentos oficiais;
> VII - valorização do profissional da educação escolar;
> VIII - gestão democrática do ensino público, na forma desta Lei e da legislação dos sistemas de ensino;
> IX - garantia de padrão de qualidade;
> X - valorização da experiência extra-escolar;
> *XI - vinculação entre a educação escolar, o trabalho e as práticas sociais* [ênfase adicionada].
> XII - consideração com a diversidade étnico-racial. (Incluído pela Lei nº 12.796, de 2013)
> *XIII - garantia do direito à educação e à aprendizagem ao longo da vida* [ênfase adicionada].(Incluído pela Lei nº 13.632, de 2018). (Lei n. 9.394, de 1996)

Percebe-se que essa principiologia se mostra coerente com os ditames constitucionais, sobretudo com o art. 206, I, que estabelece que o ensino deve se dar com respeito à "igualdade de condições para acesso e permanência na escola". Ademais, prevê o apreço à tolerância (que deveria se referir ao respeito à diversidade, por ser terminologia mais adequada) e ainda a garantia da educação ao longo da vida (àquelas pessoas que mesmo fora da idade escolar, devem ter suas necessidades educacionais atendidas – o que contempla em cheio um grande número de pessoas com deficiência).

Da mesma forma, se coaduna com os fundamentos da Convenção Internacional do Direitos das Pessoas com Deficiência, que também dispõe sobre a igualdade, a vedação à discriminação e, sobretudo à garantia de acessibilidade da pessoa com Deficiência, pela existência de uma educação inclusiva, de qualidade, e da ausência de barreiras arquitetônicas, de forma geral. Ressalte-se que a Lei Brasileira de Inclusão da Pessoa com deficiência (Lei 13.146/2015) contemplou toda essa principiologia.

Destarte, não paira qualquer dúvida sobre a existência de normas cogentes, dirigidas ao Estado e à sociedade, de forma geral, que determinam o cumprimento das disposições da LDB acerca da inclusão educacional da pessoa com deficiência.

Todavia, a parte mais polêmica da LDB se refere à "Educação Especial", prevista em seus arts. 58 a 60. O art. 58 traz a definição de Educação Especial: "Entende-se por educação especial, para os efeitos desta Lei, a modalidade de educação escolar oferecida preferencialmente na rede regular de ensino, para educandos com deficiência, transtornos globais do desenvolvimento e altas habilidades ou superdotação" (Lei n. 9.394, 1996).

Ao analisar tal dispositivo juntamente a Constituição, verifica-se a existência de uma impropriedade técnica, como bem aponta Juliana Izar Soares da Fonseca Segalla (2013, p. 136). Substitui-se a expressão "atendimento educacional especializado", constante no art. 208, por "Educação Especial". O que era para ser algo abrangente, passa a ser uma categoria separada, com carga discriminatória – o que certamente não era o intuito do legislador constitucional.

Ademais, há uma dúvida quanto à interpretação do dispositivo. Há quem entenda pela vedação à existência de escolas especializadas, e a imperatividade de se matricular pessoas com deficiência em rede regular de ensino. Sobre o assunto, disserta Ela Wiecko V. de Castilho (2009) que

> a temática da educação inclusiva para pessoas com deficiência tem colocado instituições e pessoas em confronto. Diante da dificuldade de dar conta das várias diferenças em sala de aula, muitos advogam a Educação Especial, ministrada em ambientes próprios, separados. Outros, porém, como Fávero (idem, p. 55), admitem que alguns alunos precisem de atendimento especializado, sem que isso signifique "restrição ao mesmo ambiente que os demais

educandos", devendo esse atendimento "funcionar como um currículo à parte, oferecendo subsídios para que os alunos possam aprender conteúdos específicos a cada deficiência, concomitantemente ao ensino comum. (p. 115)

Saliente-se que a Convenção Internacional da Pessoa com Deficiência não faz menção expressa à matrícula em cursos regulares. Mas ao tratar da educação, determina em seu artigo 24 que: "Os Estados Partes assegurarão sistema educacional inclusivo em todos os níveis (...)" e que "Os Estados Partes assegurarão às pessoas com deficiência a possibilidade de adquirir as competências práticas e sociais necessárias de modo a facilitar às pessoas com deficiência sua plena e igual participação no sistema de ensino e na vida em comunidade". Ainda, acrescenta que "as pessoas com deficiência não sejam excluídas do sistema educacional geral" (Decreto n. 6.949, 2009).

Sendo assim, temos que a educação deve ser inclusiva e adaptada às necessidades de cada pessoa, não devendo haver a exclusão da pessoa com deficiência, de forma geral, do sistema de ensino regular. Todavia, a cláusula aberta de proteção ao Direito de Educação, permite uma interpretação ampla, voltada à efetivação dos direitos individuais de cada aluno, que deve ser visto como um ser único, a quem a educação deve desenvolver suas potencialidades e autonomia.

Entretanto, o que se assiste cotidianamente é que pessoas com deficiência, independente do grau de deficiência e modalidade específica, são "inseridos" em escolas regulares sem que haja uma preocupação efetiva com o seu desenvolvimento, de forma individualizada.

Poucas escolas desenvolvem um plano de desenvolvimento individual para os alunos ou cumprem esses planos, apenas deixando as pessoas com deficiência com monitores/acompanhantes e sem maiores adaptações para seu aprendizado, em contrariedade ao art. 59, I da Lei de Diretrizes e Bases e art. 28 da Lei Brasileira de Inclusão (Lei 13.146/2015).

Além disso, muitas escolas impedem a matrícula de pessoas com deficiência, seja de forma aberta ou velada, em desconformidade com a lei (Constituição Federal, Lei de Diretrizes e Bases e ainda a Lei Brasileira de Inclusão), ou ainda tornam a continuidade dos alunos inviável.

Por fim, ao contrário do disposto no art. 59, III, da LDB, tanto da educação pública, como na privada, não há formação adequada de profissionais para lidar com pessoas com deficiência de forma a garantir o pleno atendimento de suas demandas. Na educação infantil, por exemplo, não raras vezes, vemos estagiários ou pessoas sem formação específica como acompanhantes de alunos com deficiência, como forma de diminuir os custos desse tipo de suporte.

Insta ainda destacar que, conforme o Censo Escolar de 2018 do Instituto Nacional de Estudos e Pesquisas Educacionais Anísio Teixeira (INEP), publicado pelo MEC, apenas 39,1% das escolas de anos iniciais possuem banheiros adaptados para pessoas com deficiência. As que possuem anos finais, 52,2%, e as que possuem Ensino Médio, 62,5%. O que isso quer nos dizer? Que nem sequer acessibilidade muitas das escolas possuem, configurando-se como mais um dos pontos de dificuldades que esses indivíduos encontram.

Apesar de ser um preceito constitucional, contido nos arts. 227, parágrafo 2º e art. 244 do Texto Constitucional (além da Convenção Internacional dos Direitos das Pessoas com Deficiência e a Lei Brasileira de Inclusão), verifica-se que a lei de Diretrizes e Bases nada dispõe nesse sentido, impedindo ou dificultando a efetivação do princípio da igualdade no acesso à educação.

Assim, a inserção no ensino regular, ao invés de se tornar benéfica, pode ser uma experiência traumática, sobretudo às crianças e adolescentes com deficiência. Ao invés de serem incluídos, são vítimas de discriminação, o que aumenta a evasão escolar e cria dificuldades ainda maiores para o aprendizado e desenvolvimento humano.

A fim de buscar a implementação das disposições contidas na Lei de Diretrizes e Bases e demais normas sobre educação, em 2014 foi sancionado o Plano Nacional de Educação (lei 13.005), que estabeleceu metas e estratégias para a educação brasileira, para o prazo de 10 anos, a contar de sua vigência. Tal plano contempla em seu texto a Meta 4, que dispõe:

> Meta 4: universalizar, para a população de 4 (quatro) a 17 (dezessete) anos com deficiência, transtornos globais do desenvolvimento e altas habilidades ou superdotação, o acesso à educação básica e ao atendimento educacional especializado, preferencialmente na rede regular de ensino, com a garantia de sistema educacional inclusivo, de salas de recursos multifuncionais, classes, escolas ou serviços especializados, públicos ou conveniados. (INEP, 2014)

Essa meta foi alvo de várias críticas. Primeiramente, por limitar a idade das pessoas com deficiência por ela abrangidas (já que exclui a educação de jovens e adultos, por exemplo). Ademais, restringe-se à educação básica, não se referindo ao ensino profissionalizante e superior. Deixou ainda de garantir a acessibilidade física das escolas, que como demonstrado acima, é umas das grandes dificuldades enfrentadas pelas pessoas com deficiência. Por fim, nada disciplina acerca do transporte das pessoas com deficiência, fundamental ao acesso à educação.

Além de tudo isso, as estratégias elencadas para a referida meta são, em sua maioria, pouco efetivas, já que não se estabelece formas institucionalizadas de fiscalização e controle. Contudo, há um dos pontos que merece destaque: "4.8. garantir a oferta de educação inclusiva, vedada a exclusão do ensino regular sob alegação de deficiência e *promovida a articulação pedagógica entre o ensino regular e o atendimento educacional especializado* [ênfase adicionada]" (INEP, 2014)

Tal disposição acerta ao determinar a articulação entre ensino regular e atendimento especializado, que não estava presente nas outras normas, de forma expressa. Afasta-se assim a dicotomia entre ensino regular e especializado, para demonstrar que esses devem ser realizados de forma integrada, como forma de realizar a verdadeira inclusão.

4. PROPOSTAS

Por tudo que foi exposto, indiscutível a existência de um arcabouço normativo sólido para proteção do direito à educação da pessoa com deficiência. Todavia, a efetividade dessas normas ainda é discutível, dada a incapacidade do Estado em fiscalizar a sua implementação, e de garantir o mínimo de estrutura e profissionais para a educação, de forma geral.

Desse modo, entender a diversidade do país também é imprescindível para concretizar as disposições legais. Há diversas escolas ao redor do Brasil que não possuem nem mesmo a estrutura básica para seus alunos sem deficiência, quem dirá para aqueles necessitam de um tratamento isonômico em virtude de uma deficiência. Não há transporte, não há merenda, não há professores. Como fica a garantia de acessibilidade plena no que tange ao direito fundamental à educação inclusiva para os alunos com deficiência nesse panorama?

Ademais, conforme bem pontua Moaci Alves Carneiro (2013):

> A aplicação lógica, gramatical e excessivamente rígida da lei é abraçada no documento sob a desconsideração da heterogeneidade da sociedade brasileira, das condições de vida da população e da precariedade de funcionamento das escolas públicas. Rigorosamente falando, não temos sequer sistemas de ensino, senão, apenas, redes de escolas, em grande parte do território nacional. Tal circunstância, evidentemente, não impede o esforço do país em favor de uma política pública em educação que implemente e acelere o funcionamento da escola inclusiva. Esse horizonte está dentro da função social da escola e, portanto, deve constituir *compromisso educacional da escola comum.* (p. 19)

Por tudo isso, a fim de que haja a verdadeira inclusão, independente de se tratar de escolas públicas ou particulares, em qualquer nível ou modalidade de ensino, deve ser exigida o fiel cumprimento dos comandos e princípios da legislação de defesa dos direitos das pessoas com deficiência, sobretudo quanto à garantia da acessibilidade plena com a eliminação de todo e qualquer tipo de barreira que afete o desenvolvimento educacional, sem prejuízo da devida, contínua e rigorosa atividade fiscalizatória pelos órgãos e autoridades responsáveis.

Outrossim, devem ainda ser fiscalizadas acerca do cumprimento das disposições relativas à inclusão dos alunos com deficiência, seja com a apresentação de planos de desenvolvimento individuais, com a verificação de seu efetivo cumprimento (inclusive com o acompanhamento da rotina escolar dos alunos com deficiência por parte dos órgãos de fiscalização), ou com demonstração de formação dos profissionais da instituição.

No que tange às escolas públicas, de forma específica, deve-se iniciar a partir da resolução de problemas estruturais, exigindo do Poder Público a construção de escolas que respeitem o desenho universal como regra e que promovam adaptações razoáveis em termos de acessibilidade tão somente como exceção, assegurando o transporte dos alunos e a formação de professores capacitados, com vistas a garantir o ingresso e permanência dos alunos nesse contexto.

Para as escolas particulares, deve também se realizar a análise de seus processos seletivos, para verificação de possível exclusão no acesso, bem como se deve criar mecanismos de transparência quanto ao preenchimento de vagas e eventuais listas de espera com vistas a combater a resistência em incluir alunos com deficiência e viabilizar o controle estatístico de acesso e permanência dos alunos nessa qualidade.

Ademais, no que se refere às escolas particulares, é necessário a fiscalização efetiva acerca da cobrança de valores adicionais para o acompanhamento e material das pessoas com deficiência, além da criação de mecanismos de combate a toda e qualquer forma de discriminação direta ou indireta.

Logo, para garantia do direito fundamental à educação inclusiva de qualidade, passando-se necessariamente pelas metas traçadas pelo Plano Nacional de Educação, sugere-se que a fiscalização seja capitaneada pelo Ministério Público e pela Defensoria Pública, atendendo ao comando do art. 79 §3º da Lei nº 13.146/2015, valendo-se de todas as ferramentas de competência institucional para tanto.

Para isso, no intento de fortalecer o poderio de atuação fiscalizatória do Ministério Público e da Defensoria Pública, sugere-se a criação de mecanismos democráticos de debate envolvendo famílias, sociedade, pessoas com deficiência e instituições técnicas e estratégicas dentro dos segmentos de educação e pessoas com deficiência, para tornar célere o conhecimento das mais diversas demandas e gargalos em termos de Educação Inclusiva, buscando implementar as boas práticas da inclusão de qualidade e a efetivação do melhor direito com soluções, preferencialmente, extrajudiciais.

No mesmo sentido, necessária se faz a atividade fiscalizatória rigorosa e atenta à legislação específica, por parte das Secretarias Estaduais e Municipais de Educação, Conselhos Municipais da Pessoa com Deficiência, Conselhos Estaduais de Educação e Ministério da Educação, de forma regular, independentemente de denúncias.

Cabe ressaltar que não se pode esquecer da necessidade de integrar o ensino regular a aulas especializadas, tanto nas escolas públicas quanto particulares, na forma prevista da legislação – como garantia mínima do atendimento educacional especializado.

Além de tudo isso, entende-se que a educação à pessoa com deficiência deve ser um processo contínuo, que independa da idade, haja vista que essa requer um olhar individualizado, que garanta sua efetivação. Considerando ainda que o direito fundamental à educação inclusiva de qualidade é extraído de uma norma de força constitucional, essencial se faz buscar a máxima eficiência em sua implementação.

Nesse contexto, sugere-se que a elaboração do Plano Nacional de Educação previsto no art. 9º da Lei de Diretrizes e Bases da Educação, considere os princípios e objetivos consagrados na Convenção Internacional sobre os Direitos das Pessoas com Deficiência, levando-se em conta todos os tipos de dados e evidências que aproximem o Poder Público da afirmação do direito à educação inclusiva de qualidade, com vistas a honrar os compromissos já assumidos pelo Brasil perante a comunidade internacional e máxima dignidade das pessoas com deficiência.

Por fim, deve-se promover na sociedade, de forma geral, uma cultura inclusiva, através de campanhas, programas e projetos que incentivem a inclusão sem capacitismo, visando a efetiva realização dos direitos das pessoas com deficiência, compreendendo-se as diferenças de forma isonômica no espectro da máxima efetividade do direito fundamental à educação inclusiva de qualidade.

5. CONCLUSÃO

A Lei de Diretrizes e Bases da Educação, vigente desde a década de 90, estabelece normas de proteção à pessoa com deficiência. Contudo, a mesma não pode ser estudada isoladamente, uma vez que faz parte do microssistema normativo de defesa e garantia de direitos, estruturada na Constituição e na Convenção Internacional sobre os Direitos da Pessoa com Deficiência, além das normas esparsas de força infraconstitucional, que devem seguir ainda os comandos gerais da Lei Brasileira de Inclusão da Pessoa com Deficiência.

A dicotomia "direito a educação" e "dever de educar" consagrada na LDB não pode mais ser pensada sem o foco no pleno cumprimento do direito fundamental à educação inclusiva de qualidade, sendo certo que os comandos da Lei de Diretrizes e Bases da Educação devem ser encarados pelo sistema educacional geral como passagem necessária para garantia de dignidade de todos sem distinção.

Assim, em uma análise ampla, verificou-se que muito se tem que caminhar em termos de efetivação dos direitos das pessoas com deficiência no campo educacional. Todavia, o Brasil possui o arcabouço normativo e fiscalizatório necessário para mudar esse quadro, cabendo implementar, na prática, formas de se exigir o cumprimento da lei, coletiva e preventivamente.

REFERÊNCIAS

Carneiro, M. A. (2013). *O acesso de alunos com deficiência às escolas e classes comuns*. 4ª ed. Vozes.

Castilho, E. W. V. de. (2009). O papel da escola para a educação inclusiva. In Livianu, R. (Coord.). *Justiça, cidadania e democracia*. (pp. 108-119). Centro Edelstein de Pesquisa Social.

Freitas, A. V. L. de; Diniz, F. P. & Ribeiro, T. H. M. (2018). *Direitos das pessoas com Deficiência: Estudos em Homenagem ao Professor Daniel Augusto Reis*. VirtualBooks Editora.

Instituto Nacional de Estudos e Pesquisas Educacionais Anísio Teixeira. (2019). Censo Escolar 2018: Principais Resultados. http://download.inep.gov.br/educacao_basica/censo_escolar/apresentacao/2019/apresentacao_coletiva_censo_escolar_2018.pdf

Perlingieri, P. (2002). *Perfis do direito civil: Introdução ao Direito Civil Constitucional* (M. C. de Cicco Trad.). 2ª ed. Renovar.

Ribeiro, T. H. M. (2018). A Judicialização da Acessibilidade na perspectiva constitucional dos Direitos da Pessoa com Deficiência. In Freitas, A. V. L. de; Diniz, F. P. &

Ribeiro, T. H. M (Coord.). *Direitos das pessoas com Deficiência: Estudos em Homenagem ao Professor Daniel Augusto Reis*. (pp. 297-317). VirtualBooks Editora.

Segalla, J. I. (2013). Direito à educação. In C. V. Ferraz; G. S. Leite; G. S. Leite & G. S. Leite. (Coord.). *Manual dos Direitos das pessoas com deficiência*. 2ª ed. (pp. 129-146). Saraiva.

Silva, V. A. (2005). *A constitucionalização do direito: os direitos fundamentais nas relações entre particulares*. Malheiros Editores.

Souza, D. P. M. de. (2017). Acessibilidade aos portadores de deficiência física: uma garantia constitucional. *Revista Jus Navigandi, 22*(5144). https://jus.com.br/artigos/59060

Von Gehlen, G. M. B. (2002). O chamado Direito Civil Constitucional. In J. Martins-Costa. (Org.). *A reconstrução do Direito Privado: reflexos dos princípios; diretrizes e direitos fundamentais constitucionais do direito privado*. (pp. 174-209). Editora Revista dos Tribunais.

BREVE ANÁLISE DO DIREITO À EDUCAÇÃO À LUZ DA LEI BRASILEIRA DE INCLUSÃO

Fernanda Cristiane Fernandes H. Milagres

1. INTRODUÇÃO

1.1. PARÂMETROS PARA A COMPREENSÃO E INTERPRETAÇÃO DA LEI Nº 13.146/15

Publicada em julho de 2015 e com entrada em vigor em janeiro de 2016, a Lei nº 13.146/15 se autodenomina Lei Brasileira de Inclusão da Pessoa com Deficiência (LBI) ou Estatuto da Pessoa com Deficiência (EPD).

Para uma melhor compreensão da lei sob análise, recomenda-se a leitura prévia da Convenção Internacional sobre os Direitos das Pessoas com Deficiência e seu Protocolo Facultativo, assinados em Nova Iorque em 30 de março de 2007, os quais foram trazidos para nosso ordenamento jurídico pelo Decreto nº 6.949/2009 e pelo Decreto Legislativo nº 186, de 9 de julho de 2008, assumindo inclusive o *status* de Emenda Constitucional.

Justifica-se a prévia leitura da Convenção Internacional sobre os Direitos das Pessoas com Deficiência, pois a Lei nº 13.146/15 dá seguimento à mudança de paradigma inaugurada pela referida Convenção.

Acerca da nomenclatura adotada pela Lei nº 13.146/15, observa-se que ela se apresenta estruturada nos mesmos moldes de outras leis que também são denominadas Estatutos, como por exemplo, o Estatuto da Criança e do Adolescente (Lei nº 8069/90) e o Estatuto do Idoso (Lei nº 10741/2003).

Há, no entanto, quem defenda que a denominação mais adequada é "Lei Brasileira de Inclusão da Pessoa com Deficiência" (LBI), pois tal nomenclatura possui enfoque na inclusão social e não na condição e/ou limitação individual.

Fruto da mobilização social do segmento e marco legal de uma mudança paradigmática, a Lei nº 13.146/2015 estabelece que a compreensão atual da deficiência está atrelada ao ambiente social e ao pleno exercício dos direitos humanos, contribuindo assim para amenizar as consequências de séculos de invisibilidade.

Em decorrência de todo um processo histórico de negação, demonização e segregação, a deficiência se constitui em um dos fatores causadores da invisibilidade social. Efetivamente, a invisibilidade é a expressão de dois fenômenos psicossociais: a humilhação social e a reificação.

Dessa forma, seja em razão da indiferença ou do preconceito, todos os que estão fora dos padrões considerados usuais ou "normais" pelas classes superiores, como também aqueles que são teoricamente incapazes de produzir, são relegados à condição de seres humanos invisíveis.

Em seu artigo 1º, nas disposições gerais, a Lei nº 13.146/2015 estabelece seu objetivo básico, qual seja: "assegurar e promover, em condições de igualdade, o exercício dos direitos e das liberdades fundamentais por pessoa com deficiência, visando à sua inclusão social e cidadania" (Lei n. 13.146, 2015). A parte final do *caput* do artigo ora tratado guarda o principal e mais importante avanço apresentado pela LBI, o qual revela que o objetivo primordial da proteção legal é promover a inclusão social e a cidadania das pessoas com deficiência.

Muito se tem observado, tanto na legislação quanto em algumas Políticas Públicas, bem como na convivência social com as pessoas com deficiência, a existência de uma tendência a um assistencialismo exacerbado e à falsa concepção de que as pessoas com deficiência não reúnem condições ou não podem assumir o protagonismo de suas vidas.

A Lei Brasileira de Inclusão surge para quebrar esse paradigma, que vem carregado de preconceito e desconhecimento, apresentando um novo discurso no sentido de que a pessoa com deficiência, se devidamente amparada, possui condições de assumir o protagonismo de sua vida, mediante a sua inclusão social e exercício da cidadania.

Assim, a pessoa com deficiência é considerada em toda a sua amplitude, abarcando sua experiência de vida, estrutura social e familiar, e contexto cultural e econômico, constituindo-se a limitação individual (física, sensorial, intelectual ou mental) apenas um dos vários aspectos a serem considerados. Desse modo, tal compreensão insere a pessoa com deficiência em uma posição ativa.

Conclui-se, portanto, que todo o aparato protetivo estabelecido pela Lei Brasileira de Inclusão objetiva não apenas a equalização desse segmento junto às outras pessoas e à sociedade, mas principalmente visa propiciar que, amparadas pela proteção legal, as pessoas com deficiência alcancem a tão almejada autonomia.

Logo, uma adequada leitura exige que se tome por fundamento a diversidade, como também a promoção de uma sociedade plural e inclusiva, na qual o acesso aos bens sociais seja universal. Ao se analisar um texto legal é imprescindível considerar o que está ali expresso em conjunção com a rede que subjaz a norma e o processo histórico de formação daquele documento.

Em nosso entendimento, uma interpretação coerente inevitavelmente deve considerar o sentido da letra da lei a partir do horizonte da temática e dos destinatários da norma. Nesse diapasão, a análise do fenômeno a ser interpretado deve ser feita a partir da reconstrução e da inserção ou manutenção desse fenômeno em sua própria rede. Em outras palavras, uma interpretação formulada mediante a análise isolada/destacada do fenômeno fatalmente será incoerente.

No caso da legislação, tal incoerência afeta diretamente às pessoas com deficiência e, em razão do já mencionado processo histórico invisibilidade no qual as pessoas com deficiência foram inseridas ao longo do tempo, a questão da interpretação assume especial relevância.

Antes de adentrar na temática da inclusão escolar, convém compreender o real alcance do termo deficiência, de acordo com o os novos ditames acolhidos pela Lei Brasileira de Inclusão, os quais já eram previstos na Convenção sobre os Direitos das Pessoas com Deficiência. Assim estabelece o artigo 2º do Estatuto da Pessoa com Deficiência:

> Art. 2º Considera-se pessoa com deficiência aquela que tem impedimento de longo prazo de natureza física, mental, intelectual ou sensorial, o qual, em interação com uma ou mais barreiras, pode obstruir sua participação plena e efetiva na sociedade em igualdade de condições com as demais pessoas. (Lei nº 13.146, 2015)

O mencionado artigo 1º estabelece, na verdade, uma breve explicação – ou elementos norteadores – para orientação do intérprete na verificação de casos concretos.

Em contraposição ao modelo médico de concepção de deficiência, o qual vigorava em nossa legislação anteriormente à assinatura e internalização da Convenção sobre os Direitos das Pessoas com Deficiência e seu Protocolo Facultativo, a Lei Brasileira de Inclusão (LBI) adota o modelo social ou biopsicossocial de deficiência.

O modelo médico se caracteriza por entender a deficiência como resultado da lesão, da condição individual da pessoa, com consequente enfoque na reparação, normalização e cura da condição individual, de forma que a pessoa com deficiência se adeque ou se integre ao meio social.

O modelo social ou biopsicossocial é relacional, de modo que se atribui ao meio social em que a pessoa está inserida a responsabilidade inequívoca e inafastável de colocá-la em situação de maior ou menor desvantagem para a fruição de seus direitos. Segundo ele, as pessoas com deficiência não devem ser reificadas, consideradas pela funcionalidade ou utilidade na sociedade. Pelo contrário, o ambiente deve se tornar acessível, mediante a eliminação de barreiras.

Reafirmando a adoção do Modelo Social ou Biopsicossocial, a LBI menciona expressamente que a avaliação da deficiência será biopsicossocial, conforme disposto no §1° do artigo 2°:

> § *1°* A avaliação da deficiência, quando necessária, será biopsicossocial, realizada por equipe multiprofissional e interdisciplinar e considerará:
> I - os impedimentos nas funções e nas estruturas do corpo;
> II - os fatores socioambientais, psicológicos e pessoais;
> III - a limitação no desempenho de atividades; e
> IV - a restrição de participação. (Lei n° 13.146, 2015)

De acordo com o modelo biopsicossocial de deficiência, são analisadas as perspectivas de saúde do ponto de vista biológico, individual, social e de participação. Observa-se claramente que a caracterização adotada pode ser analisada sob esses quatro aspectos.

Tal conceituação está de acordo com a definição de saúde da OMS – Organização Mundial de Saúde, que se caracteriza como "um estado geral de bem-estar físico, mental e social e não a mera ausência de doença ou de enfermidade", apresentando-se também em consonância com a CIF – Classificação Internacional de Funcionalidade, Incapacidade e Saúde.

Convém novamente ressaltar que o diploma legal não estabelece um conceito fixo e inalterável de deficiência, de forma que a análise dos diversos elementos caracterizadores torna possível a ampliação ou restrição do dispositivo. Portanto, contemporaneamente, a deficiência deve ser analisada como uma diferença que, em razão de sua interação com diversos fatores socioambientais, acarreta efetivamente prejuízo ao exercício pleno da vida pessoal e social do indivíduo.

No que se refere ao Direito à Educação da Pessoa com Deficiência, antes de adentrarmos na análise específica dos dispositivos legais, é imprescindível fixar a diferença entre os seguintes termos: 1) inclusão e integração e 2) pessoa com deficiência e pessoa com necessidades educacionais especiais.

A inclusão pressupõe a adequação da escola para acolher e educar todos os alunos, oferecendo-lhes recursos e respostas educativas compatíveis com as habilidades e necessidades de cada um, independente do gênero, raça, condição social, ou deficiência. Assim, a inclusão é voltada para o atendimento das necessidades do aluno, tornando-se necessária a reforma dos modelos tradicionais de organização do sistema escolar para que ela se efetive.

Por outro lado, a integração é o processo de adequação do aluno ao sistema pré-estabelecido na escola. Trata-se de um trabalho feito individualmente com o aluno, para que ele possa acompanhar o modelo tradicional de ensino. Sendo assim, a integração é uma forma condicional de inserção, pois irá depender da capacidade do aluno de adaptação ao sistema escolar.

O paradigma da integração teve seu surgimento no final dos anos 60, a partir do princípio da *normalização*, no sentido de conferir às pessoas com deficiência a possibilidade de vivenciar experiências as mais próximas possíveis daquelas vivenciadas pelas demais pessoas. Importante ressaltar que o pressuposto da integração é a adequação da pessoa com deficiência ao ambiente, à sociedade, existindo sempre um esforço para extirpar ou amenizar a diferença.

O paradigma da inclusão, por sua vez, teve seu surgimento e impulso no final da década de 80 e se caracteriza pela mudança de enfoque dos esforços, no sentido de adaptação do ambiente e da sociedade para a inclusão das pessoas com deficiência. Dessa maneira, o pressuposto da inclusão é a adequação do ambiente e da sociedade à pessoa com deficiência, existindo sempre um esforço para acolher e incluir as diferenças.

Importante perceber que o paradigma da integração está relacionado ao modelo médico de entendimento da deficiência. O paradigma da inclusão, de outro modo, relaciona-se ao modelo social ou biopsicossocial de entendimento da deficiência. Conclui-se, portanto, que a Lei nº 13.146/2015 adota o paradigma da inclusão.

Apresenta-se também a distinção entre alunos com deficiência e alunos com necessidades educacionais especiais. As necessidades educacionais especiais decorrem de quaisquer situações atípicas apresentadas pelos alunos, sejam elas decorrentes ou não de uma deficiência. Sendo assim, os alunos com histórico de migração, pobreza, falta de estímulo no ambiente familiar, prostituição, desnutrição, dentre outros, podem apresentar necessidades educacionais especiais, embora não necessariamente seja uma pessoa com deficiência. O aluno que apresenta deficiência, por sua parte, demanda necessidades educacionais especiais na maioria das vezes.

A Lei Brasileira de Inclusão aplica-se às pessoas com deficiência, assim consideradas aquelas cuja situação fática se enquadra nos critérios estabelecidos no artigo 2º, já mencionado, inclusive no que se refere ao Direito à Educação. No entanto, os alunos com necessidades educacionais especiais que não se enquadrem nos critérios de aferição de deficiência também podem e devem usufruir das diversas adaptações para seu aprendizado, as quais estão previstas na Lei nº 9394/96 (Lei de Diretrizes e Bases da Educação Nacional), especialmente em seu Capítulo V, dentre outros diplomas legais.

De todo o exposto, considerando o disposto na Lei Brasileira de Inclusão e em todo o sistema jurídico brasileiro, conclui-se que uma escola inclusiva é aquela que garante o desenvolvimento integral de todos os alunos, acolhendo toda a diversidade humana.

À vista disso, é possível falar que o chamado Desenho Universal também é imperativo na seara da Educação. A LBI estabelece, em seu artigo 3º, II, que Desenho Universal é a "concepção de produtos, ambientes, programas e serviços a serem usados por todas as pessoas, sem necessidade de adaptação ou de projeto específico, incluindo os recursos de tecnologia assistiva" (Lei nº 13.146, 2015).

1.2. DIREITO À EDUCAÇÃO: INSTRUMENTOS DE INCLUSÃO PREVISTOS NA LEI Nº 13.146/15

Uma vez estabelecidos os parâmetros para a compreensão e interpretação da Lei nº 13.146/15, passamos à análise do tratamento conferido ao Direito à Educação na referida lei, a qual dedicou seu Capítulo IV ao Direito à Educação das Pessoas com Deficiência.

Seguindo a diretriz Constitucional, a Lei Brasileira de Inclusão estabelece como garantia da pessoa com deficiência um sistema educacional inclusivo em todos os níveis e aprendizado ao longo de toda a vida (artigo 27, *caput*). Em outras palavras, garante-se às pessoas com deficiência o direito ao acesso, permanência, participação e aprendizagem na rede regular de ensino.

Uma escola inclusiva pressupõe a adoção de medidas concretas de acessibilidade em sentido amplo, mediante a eliminação das barreiras previstas no artigo 3º, inciso IV, quais sejam: barreiras urbanísticas; arquitetônicas; nos transportes; nas comunicações e na informação; atitudinais e tecnológicas.

O parágrafo único do mencionado artigo 27 também estabelece ser "dever do Estado, da família, da comunidade escolar e da sociedade assegurar educação de qualidade à pessoa com deficiência" (Lei nº 13.146, 2015). Logo, a responsabilidade pela inclusão escolar do aluno com deficiência compete a todo o corpo escolar (professores, alunos, familiares, técnicos, funcionários, dentre outros).

A efetivação do direito de frequentar a rede regular de ensino está atrelada à disponibilização de adaptações razoáveis para a efetivação do direito ao aprendizado. A própria lei estabelece a definição das chamadas Adaptações Razoáveis. Transcrevemos:

> Artigo 3º: Adaptações razoáveis: adaptações, modificações e ajustes necessários e adequados que *não acarretem ônus desproporcional e indevido [ênfase adicionada]*, quando requeridos em cada caso, a fim de assegurar que a pessoa com deficiência possa gozar ou exercer, em igualdade de condições e oportunidades com as demais pessoas, todos os direitos e liberdades fundamentais. (Lei nº 13.146, 2015)

Importante observar que a questão da acessibilidade compõe a definição da própria deficiência, sendo que aquela possui várias vertentes. No ambiente escolar, assume especial relevância a acessibilidade atitudinal (realização de campanhas e atividades de sensibilização e conscientização, dentro e fora da escola); a acessibilidade metodológica (métodos e estratégias pedagógicos adaptados às necessidades do aluno com deficiência), e a acessibilidade instrumental e tecnológica (ferramentas e instrumentos que facilitem o aprendizado).

Dessa forma, de acordo com a definição legal, as Adaptações Razoáveis constituem em instrumentos hábeis a fomentar a acessibilidade no ambiente escolar. Constituem exemplos de Adaptações Razoáveis: fixação de metas/objetivos individuais; atividades com base no interesse específico do aluno; prova oral; dilação de tempo para realização das provas e atividades; educação física adaptada; materiais didáticos adaptados; remoção de barreiras físicas; utilização de computadores/notebooks/tablets por alunos com restrições motoras nas mãos; utilização de desenhos/fotos/figuras para alunos com transtorno do espectro do autismo; adequação da forma de utilização do lápis, dentre outras.

Conforme se observa, a lei não enumera taxativamente quais seriam as Adaptações Razoáveis por ela exigidas e/ou permitidas. A redação legal é acertada, pois contempla o pluralismo e a diversidade dentro do ambiente escolar. Afinal, é praticamente impossível prever quais serão as adaptações necessárias em cada caso, mesmo porque tais adaptações certamente se modificarão durante o percurso escolar do aluno com deficiência.

Por outro lado, por força do disposto no artigo 4º da Lei Brasileira de Inclusão, a recusa de Adaptações Razoáveis constitui discriminação em razão de deficiência, o que pode gerar consequências cíveis (reparação de dano, obrigação de fazer) e criminais (artigo 88, da LBI). Transcrevemos:

> Art. 4º Toda pessoa com deficiência tem direito à igualdade de oportunidades com as demais pessoas e não sofrerá nenhuma espécie de discriminação.
> § 1o Considera-se *discriminação* em razão da deficiência toda forma de distinção, restrição ou exclusão, por *ação ou omissão*, que tenha o propósito ou o efeito de prejudicar, impedir ou anular o reconhecimento ou o exercício dos direitos e das liberdades fundamentais de pessoa com deficiência, *incluindo a recusa de adaptações razoáveis e de fornecimento de tecnologias assistivas [ênfase* adicionada]. (Lei nº 13.146, 2015)

Conforme se verifica nesse mesmo artigo em seu parágrafo 2º, "A pessoa com deficiência não está obrigada à fruição de benefícios decorrentes de ação afirmativa". A interpretação desse dispositivo nos induz à conclusão de que o aluno com deficiência não é obrigado a acatar e usufruir das Adaptações Razoáveis que lhe são oferecidas, podendo optar por utilizar-se de apenas algumas e, ainda, sugerir aquelas que ele entender mais adequadas à sua condição. Trata-se de uma construção coletiva, que deve abranger as sugestões da escola, da família, do aluno e dos profissionais que o acompanham.

Há também quem conclua, com base nesse e em outros dispositivos, que a pessoa com deficiência não é obrigada a frequentar a rede regular de ensino, podendo ela própria ou sua família optar por uma escolarização em classes ou escolas especializadas. No entanto, recomenda-se cautela com relação a essa interpretação, a fim de que tal faculdade não acabe por fomentar justificativas escusas para o não aparelhamento da rede regular de ensino para ofertar um serviço de educação inclusiva adequado ao público com deficiência. A faculdade de escolher entre escola regular e escola especial parece salutar em primeira análise, porém é importante que o segmento esteja atento à manutenção e ao incremento dos direitos e garantias já conquistados em termos de educação inclusiva, evitando-se um retrocesso na aquisição de direitos.

Os principais direitos dos educandos com deficiência estão listados nos incisos do artigo 28 da Lei nº 13.146/2015. São os seguintes:

- Sistema educacional inclusivo em todos os níveis e modalidades, bem como o aprendizado ao longo de toda a vida.
- Aprimoramento dos sistemas educacionais, visando garantir condições de acesso, permanência, participação e aprendizagem, por meio da oferta de serviços e de recursos de acessibilidade que eliminem as barreiras e promovam a inclusão plena.

- Projeto pedagógico que institucionalize o atendimento educacional especializado, assim como os demais serviços e adaptações razoáveis, para atender às características dos estudantes com deficiência e garantir o seu pleno acesso ao currículo em condições de igualdade, promovendo a conquista e o exercício de sua autonomia.
- Oferta de educação bilíngue, em Libras como primeira língua e na modalidade escrita da língua portuguesa como segunda língua, em escolas e classes bilíngues e em escolas inclusivas.
- Adoção de medidas individualizadas e coletivas em ambientes que maximizem o desenvolvimento acadêmico e social dos estudantes com deficiência, favorecendo o acesso, a permanência, a participação e a aprendizagem em instituições de ensino.
- Pesquisas voltadas para o desenvolvimento de novos métodos e técnicas pedagógicas, de materiais didáticos, de equipamentos e de recursos de tecnologia assistiva.
- Planejamento de estudo de caso, de elaboração de plano de atendimento educacional especializado, de organização de recursos e serviços de acessibilidade e de disponibilização e usabilidade pedagógica de recursos de tecnologia assistiva.
- Participação dos estudantes com deficiência e de suas famílias nas diversas instâncias de atuação da comunidade escolar.
- Adoção de medidas de apoio que favoreçam o desenvolvimento dos aspectos linguísticos, culturais, vocacionais e profissionais, levando-se em conta o talento, a criatividade, as habilidades e os interesses do estudante com deficiência.
- Adoção de práticas pedagógicas inclusivas pelos programas de formação inicial e continuada de professores e oferta de formação continuada para o atendimento educacional especializado.
- Formação e disponibilização de professores para o atendimento educacional especializado, de tradutores e intérpretes da Libras, de guias intérpretes e de profissionais de apoio.
- Oferta de ensino da Libras, do Sistema Braille e de uso de recursos de tecnologia assistiva, de forma a ampliar habilidades funcionais dos estudantes, promovendo sua autonomia e participação.
- Acesso à educação superior e à educação profissional e tecnológica em igualdade de oportunidades e condições com as demais pessoas.
- Inclusão em conteúdos curriculares, em cursos de nível superior e de educação profissional técnica e tecnológica, de temas relacionados à pessoa com deficiência nos respectivos campos de conhecimento.

- Acesso da pessoa com deficiência, em igualdade de condições, aos jogos e *às* atividades recreativas, esportivas e de lazer, no sistema escolar.
- Acessibilidade para todos os estudantes, trabalhadores da educação e demais integrantes da comunidade escolar às edificações, aos ambientes e às atividades concernentes a todas as modalidades, etapas e níveis de ensino.
- Oferta de profissionais de apoio escolar.
- Articulação intersetorial na implementação de políticas públicas.

Conforme se observa, a lei elenca diversos instrumentos para a inclusão escolar do aluno com deficiência. Por ser tratar de um trabalho sucinto, não serão analisados detidamente todos os direitos acima descritos, de forma que serão apresentados os 3 (três) instrumentos mais utilizados na prática escolar.

O Profissional de Apoio Escolar (PAE) está previsto no inciso XVII do artigo 28 da LBI. O artigo 3º da LBI apresenta vários conceitos, os quais podem ser entendidos como uma tentativa de elucidar o conteúdo das normas e de facilitar a operacionalização dos direitos positivados na lei. O inciso XIII apresenta o conceito de Profissional de Apoio Escolar (PAE), que é definido como a

> pessoa que exerce atividades de alimentação, higiene e locomoção do estudante com deficiência e atua em todas as atividades escolares nas quais se fizer necessária, em todos os níveis e modalidades de ensino, em instituições públicas e privadas, excluídas as técnicas e procedimentos identificados com profissões legalmente estabelecidas. (Lei n. 13.146, 2015)

A função primordial do Profissional de Apoio Escolar (PAE) é auxiliar o aluno com deficiência em suas atividades de vida diária básicas, quais sejam: alimentação, locomoção e higiene. No entanto, o texto legal também autoriza que o PAE acompanhe o aluno com deficiência em outras atividades escolares, visto que o referido inciso não enumera taxativamente as funções desse profissional, estabelecendo que este deve "atuar em todas as atividades escolares nas quais se fizer necessária" (Lei nº 13.146, 2015). Dessa forma, o PAE também assume a função de auxiliar na socialização do aluno com deficiência, devendo acompanhá-lo durante os intervalos (recreio), excursões, apresentações artísticas promovidas pela escola, dentre outras ocasiões.

A disponibilização do Profissional de Apoio Escolar é uma medida de apoio individualizada, prevista no artigo 28, incisos V c/c XVII da LBI. Portanto, o ideal é que haja a correspondência de um PAE para cada aluno com deficiência. Contudo, atualmente existe a prática de disponibilizar um PAE para cada dois ou três alunos com deficiência, o que somente não constituirá irregularidade caso todos os alunos estejam sendo plenamente atendidos em suas demandas.

Ainda acerca do Profissional de Apoio Escolar, é importante mencionar que se trata de um dever imposto tanto às escolas públicas quanto às escolas particulares. Além disso, não pode ser cobrado qualquer valor adicional na mensalidade escolar em decorrência da disponibilização desse serviço, nos termos do parágrafo 1º do artigo 28 da LBI. Essa questão já foi analisada pelo Supremo Tribunal Federal na ADI 5357 – ajuizada pela Confederação Nacional dos Estabelecimentos de Ensino (Confenen) – por meio da qual foi confirmada judicialmente a impossibilidade de cobrança de qualquer valor adicional sob pretexto de disponibilização do PAE em favor do aluno com deficiência.

Outro instrumento de grande relevância na prática educacional inclusiva é o Atendimento Educacional Especializado (AEE), que também está previsto no já mencionado artigo 28 e pode ser definido como "conjunto de atividades, recursos de acessibilidade e pedagógicos organizados institucional e continuamente" (Decreto n. 7611, 2011).

O Atendimento Educacional Especializado é o serviço desenvolvido por um profissional especializado e consiste em detectar as barreiras ao aprendizado do aluno com deficiência, bem como elaborar estratégias para transposição de tais barreiras, como empregar materiais didáticos diferenciados.

O AEE não se caracteriza como um serviço de reforço escolar, tampouco deve ser necessariamente desenvolvido em ambiente apartado. Trata-se de um trabalho desenvolvido em regime de parceria entre o profissional especializado e o professor regente. É um serviço de apoio à sala de aula comum, de forma a complementar o trabalho desenvolvido com o aluno com deficiência e, assim, viabilizar seu aprendizado e propiciar o desenvolvimento máximo de suas potencialidades.

Nesse diapasão, conclui-se que o AEE pode ser realizado em uma sala de recursos multifuncionais e no contraturno, mas não necessariamente dessa forma, podendo ser desenvolvido dentro da própria sala de aula, no pátio da escola, na biblioteca, ou mesmo no ambiente das aulas especializadas. A forma como esse serviço será desenvolvido dependerá da demanda concreta de cada aluno com deficiência.

Outra importante adaptação a ser disponibilizada ao aluno com deficiência é o chamado Plano de Desenvolvimento Individual (PDI), também chamado de Plano de Educação Individual (PEI). Trata-se do instrumento utilizado para adaptar o currículo escolar regular às necessidades do aluno com deficiência e/ou necessidades educacionais especiais. Conforme o próprio nome indica, é uma medida individual. Cada aluno com deficiência tem o direito de ter um PDI/PEI desenvolvido exclusivamente para si.

O PDI ou PEI deve ter como referência o currículo regular e a proposta pedagógica da escola. Além disso, deve prever as adequações de currículo e proposta, de forma a atender às possibilidades pedagógicas e cognitivas do educando com deficiência, descrevendo as estratégias, modificações e adaptações necessárias ao aprendizado eficaz do aluno com deficiência, como também prever avaliações e material adaptado, caso haja necessidade. Trata-se de um direito do aluno com deficiência previsto na Lei Brasileira de Inclusão, na Lei de Diretrizes e Bases da Educação e no capítulo relativo às *Adaptações Curriculares* dos Parâmetros Curriculares Nacionais (PCN), publicados pelo Ministério da Educação (MEC).

Através do PDI ou PEI a escola elenca os conteúdos a serem ministrados, as habilidades a serem desenvolvidas pelo aluno, e prevê as estratégias, métodos e materiais a serem utilizados para atingir os objetivos pedagógicos, como também as adaptações a serem realizadas no ambiente físico da escola para promoção da acessibilidade.

O PDI ou PEI deve ser elaborado no início do ano letivo e ser constantemente revisto no curso do ano letivo, de acordo com a demanda e o desenvolvimento do aluno. Sua elaboração compete à equipe escolar, mas é recomendada a participação da família, do aluno – se for o caso – e dos profissionais que o acompanham (psicopedagogo(a), fonoaudiólogo(a) e terapeuta ocupacional). Profissional de Apoio Escolar, Atendimento Educacional Especializado e Plano de Desenvolvimento Individual são apenas alguns dos vários instrumentos previstos em lei para a promoção da inclusão escolar.

Importante mencionar que a recusa de matrícula de aluno com deficiência em instituição de ensino pública ou particular constitui crime punível com reclusão e multa, conforme previsto no artigo 98 da Lei Brasileira de Inclusão, o qual modificou a redação do artigo 8º da Lei nº 7853/89. A pena ainda é agravada, caso o crime seja praticado contra pessoa com deficiência menor de 18 (dezoito) anos. Portanto, o aluno com deficiência não deve ser submetido a testes de seleção com objetivo de impedir seu acesso à escola.

Além disso, não existe qualquer previsão legal que autorize o estabelecimento de "cotas" para alunos com deficiência nas escolas. Dessa forma, existindo a disponibilidade de vaga a escola não pode recusar a matrícula de aluno com deficiência, sob o argumento de que as classes já estão preenchidas com certo número de alunos com necessidades educacionais especiais.

Importante mencionar, também, que testes de seleção prévios para ingresso nas escolas somente podem ser aplicados aos candidatos com deficiência com o intuito de nivelamento e, ainda assim, devem ser devidamente adaptados às condições do candidato. Dessa forma, o ato de impedir a matrícula do aluno com deficiência, sob o argumento de que ele não obteve aprovação no teste de seleção, equivale à recusa de matrícula e se submete às consequências jurídicas mencionadas anteriormente.

2. CONCLUSÃO

A legislação brasileira, desde a Constituição da República até a Lei nº 13.146/2015 e outras posteriores, é generosa em relação à previsão de direitos e garantias em favor das pessoas com deficiência. Certamente existem pontos a serem aprimorados em relação à legislação e sua interpretação, mas o fato é que o caminho da inclusão escolar está pronto para ser trilhado.

Aliás, antes mesmo da entrada em vigor da Lei Brasileira de Inclusão, os direitos e instrumentos necessários à efetivação da educação inclusiva já estavam disponíveis na legislação.

Contudo, não é necessário grande esforço para se perceber que, na prática, ainda existem muitas barreiras que impedem que os alunos com deficiência usufruam de condições de acesso, permanência, participação e aprendizagem adequados na escola. Fato é que a realidade nos mostra que a imposição legal não é suficiente para garantir o sucesso na empreitada da inclusão escolar.

É necessário e urgente que a sociedade e, em especial, a comunidade escolar se aproprie da cultura da educação inclusiva. Os profissionais que atuam nesse ramo podem e devem assumir o papel de disseminadores do conhecimento, bem como de apoiadores das pessoas com deficiência e seus familiares. Às pessoas com deficiência e seus familiares, por sua vez, incumbe assumir o protagonismo de suas vidas, buscando conhecer seus direitos, como também as formas e instrumentos para sua concretização.

REFERÊNCIAS

Constituição da República Federativa do Brasil de 1988. (1988). http://www.planalto.gov.br/ccivil_03/constituicao/constituicao.htm

Decreto n. 7.611, de 17 de novembro de 2011. Dispõe sobre a educação especial, o atendimento educacional especializado e dá outras providências. (2011). http://www.planalto.gov.br/ccivil_03/_ato2011-2014/2011/decreto/d7611.htm

Leite, F. P. A; Ribeiro, L. L. G & Filho, W. M. C. da. (Coord.) n/a et al. (2019). *Comentários ao Estatuto da Pessoa com Deficiência*. 2ª ed. Saraiva Educação.

Lei n. 7.347, de 24 de julho de 1985. (1985). Disciplina a ação civil pública de responsabilidade por danos causados ao meio-ambiente, ao consumidor, a bens e direitos de valor artístico, estético, histórico, turístico e paisagístico e dá outras providências. http://www.planalto.gov.br/ccivil_03/leis/L7347orig.htm

Lei n. 13.146, de 24 de julho de 2015. (2015). Institui a Lei Brasileira da Inclusão da Pessoa com Deficiência (Estatuto da Pessoa com Deficiência). http://www.planalto.gov.br/ccivil_03/_ato2015-2018/2015/lei/l13146.htm

Pompeia, J. A. & Sapienza, B. T. (2011). *Os dois nascimentos do homem: escritos sobre terapia e educação na era da técnica*. 1ª ed. Via Verita.

Resende, A. P. C. & Vital, F. M. P. (Coord.) n/a et al. (2008). *A Convenção sobre os Direitos das Pessoas com Deficiência Comentada*. Secretaria Especial dos Direitos Humanos. Coordenadoria Nacionalpara Integração da Pessoa Portadora de Deficiência

EDUCAÇÃO INCLUSIVA: DAS LEIS ÀS PRÁTICAS

Laura Beatriz de Barros e Sander

1. INTRODUÇÃO

Segundo o marco regulatório das políticas públicas de educação no Brasil e o Estatuto da Pessoa com Deficiência, o país deve ter um único sistema organizacional de ensino, o qual deve ser inclusivo. Para isso, é importante pensar na inclusão de pessoas com deficiência na escola regular, os aspectos físicos e educacionais necessários para que ela aconteça.

Precisamos, inicialmente, buscar compreender em que consiste a educação inclusiva, como esse direito é garantido por lei e a forma como é aplicada na prática educativa.

Entende-se por educação inclusiva um sistema educacional inspirado na diversidade como valor inquestionável; sistema que ratifica e que se alimenta, na sua concepção e prática, da diversidade infinita que sustenta a humanidade e qualquer sociedade formada por integrantes dessa humanidade. Falar que educação é um direito constitucional previsto parece simples e indiscutível. Contudo, no tocante à garantia de tal direito sem qualquer tipo de discriminação pela execução da legislação que o regula, observa-se um processo lento e cercado de manifestação de rejeição por diferentes setores (Escola de gente, 2008).

A questão da inclusão passa pela ideia construída de como deve ser o ambiente escolar. Se pensarmos em um ambiente desafiador para todos os profissionais da educação, veremos que é extremamente necessário entender as diferenças. Estas estabelecerão os desafios a serem vencidos, a necessidade de romper com o que é predefinido, determinado e que busca tornar todos os sujeitos iguais. Para isso, fizemos o levantamento bibliográfico das leis federais que garantem o direito à inclusão de pessoas com deficiência em escolas regulares.

O tema abordado nesse trabalho mostra-se atual, em função das novas leis de inclusão que garantem a matrícula da pessoa com deficiência em escolas regulares. Dentro dessa perspectiva é relevante compreender o contexto da escola inclusiva e observar se sua prática promove a acessibilidade para a inclusão de alunos com deficiência.

2. LEIS DE INCLUSÃO

Durante muito tempo, houve intensa segregação das pessoas que não atendiam aos padrões tradicionais escolares, que eram isoladas em hospitais, casas de familiares, clínicas e instituições de ensino especial.

A partir do século XX, iniciou-se o movimento para o início da inclusão de pessoas com deficiência e em 1948 foi desenvolvida a primeira diretriz política com a visão de que todos os cidadãos possuem direitos e deveres. Esta foi pensada na Declaração Universal dos Direitos Humanos, que deixou explícito o direito de todo ser humano a ter educação escolar (Organização das Nações Unidas, 1948).

Claudia Werneck (2009), enfatiza inclusive no seu livro, que o processo de inclusão não se iniciou através das leis específicas de inclusão, mas sim muitas vezes do movimento real de profissionais de educação e da saúde, interessados em tornar possível que pessoas com deficiência tivessem uma vida mais digna.

Nos últimos anos, no Brasil, foram promulgadas diversas leis, decretos e portarias, que garantem os direitos da pessoa com deficiência, muitos desses articulados pela mobilização já citada, além das famílias e pessoas com deficiência. Esse trabalho oferece um recorte, na questão específica do direito de ingressar e frequentar escolas regulares. Tal direito é garantido desde 5 de outubro de 1988, pelos "princípios fundamentais" e pelos "direitos e garantias fundamentais" que regem a Constituição Federal. Dois artigos são essenciais no que diz respeito à pessoa com deficiência e o seu direito à educação:

> Art. 1º A República Federativa do Brasil, formada pela união indissolúvel dos Estados e Municípios e do Distrito Federal, constitui-se em Estado Democrático de Direito e tem como fundamentos:
> I - a soberania;
> II - a cidadania;
> III - a dignidade da pessoa humana;
> IV - os valores sociais do trabalho e da livre iniciativa;
> V - o pluralismo político
> Parágrafo único. Todo o poder emana do povo, que o exerce por meio de representantes eleitos ou diretamente, nos termos dessa Constituição.

> ...
> Art. 3º Constituem objetivos fundamentais da República Federativa do Brasil:
> I - construir uma sociedade livre, justa e solidária;
> II - garantir o desenvolvimento nacional
> III - erradicar a pobreza e a marginalização e reduzir as desigualdades sociais e regionais;
> IV - promover o bem de todos, sem preconceitos de origem, raça, sexo, cor, idade e quaisquer outras formas de discriminação. (Constituição da República Federativa do Brasil, 1988)

Percebemos que pela constituição deveria ser garantida a inclusão, não apenas da pessoa com deficiência, mas de toda e qualquer pessoa. O Estatuto da Criança e do Adolescente, promulgado em 13 de julho de 1990, preconiza ainda que além do direito de estar na escola, a criança e o adolescente com deficiência devem receber atendimento especializado.

> Capítulo IV
> Do Direito à Educação, à Cultura, ao Esporte e ao Lazer
> Art. 53. A criança e o adolescente têm direito à educação, visando o pleno desenvolvimento de sua pessoa, preparo para o exercício da cidadania e qualificação para o trabalho assegurando-lhes:
> I - igualdade de condições para o acesso e permanência na escola;
> III - atendimento educacional especializado aos portadores de deficiência, preferencialmente na rede regular de ensino. (Lei n. 8.069, 1990)

No entanto, apesar desses direitos garantidos, as pessoas com deficiência foram muitas vezes colocadas à parte desse grupo social, continuando em sua maioria com educação em casa ou instituições de ensino especial. Sendo assim, essas e outras leis são essenciais para determinar e tornar exigíveis os direitos das pessoas com deficiência, mas a garantia dos mesmos veio principalmente após o Ministério da Justiça ter aprovado a composição e o funcionamento do Conade (Conselho Nacional dos Direitos da Pessoa com Deficiência), em 1999. No ano 2010, foi necessária a sua atualização para se adaptar a ratificação da Convenção dos Direitos das Pessoas com Deficiência. O Conselho, além de influenciar sobre as políticas que são realmente necessárias e importantes para as pessoas com deficiência, ainda influencia para a fiscalização da sua execução.

Em 2019, o Decreto de 11 de abril (9.759/19) extinguiu os conselhos de participação social, mas o Conade se reestruturou para se adaptar e apresentar ao Governo proposta justificada para a sua manutenção. Atualmente, o Conade está ligado ao Ministério da Mulher, da Família, e dos Direitos Humanos (Câmara dos Deputados, 2019). No âmbito do marco regulatório, tramitam nas casas legislativas propostas como a de criação de turmas especiais dentro das escolas regulares, o que obedece ao critério de inserção, mas não promove a inclusão. Há também propostas que a nosso ver retrocedem no direito conquistado, como a que sugere o direito dos pais de oferecerem educação em casa ou ainda da ideia de clínicas escolas, em que a criança ou adolescente com deficiência ficaria em um ambiente de multiprofissionais que ofereceriam intervenções em período integral. No nosso entendimento, essa última proposta não foge muito da concepção de ensino especial e de outras associações que já foram longamente discutidas, chegando-se à conclusão de que segregam as pessoas com deficiência o que vai na contramão de uma sociedade mais justa, igualitária e inclusiva.

Nesse sentido, o Estatuto da Pessoa com Deficiência (2015) é de suma importância, pois ele estabelece um compilado de várias leis e políticas públicas ao que diz respeito à pessoa com deficiência e, ainda, vem garantir mais direitos especialmente no que se refere ao acesso à escola e à acessibilidade necessária para tanto.

> Capítulo IV
> Do Direito à Educação
> Art. 27. A educação constitui direito da pessoa com deficiência, assegurados sistema educacional inclusivo em todos os níveis e aprendizado ao longo de toda a vida, de forma a alcançar o máximo desenvolvimento possível de seus talentos e habilidades físicas, sensoriais, intelectuais e sociais, segundo suas características, interesses e necessidades de aprendizagem.
> Parágrafo único. É dever do Estado, da família, da comunidade escolar e da sociedade assegurar educação de qualidade à pessoa com deficiência, colocando-a a salvo de toda forma de violência, negligência e discriminação. (Lei n. 13.146, 2015)

Ressalta-se ainda no Estatuto da Pessoa com Deficiência o dever do Estado de assegurar, criar, desenvolver, implementar, incentivar, acompanhar e avaliar o ensino inclusivo, bem como a garantia da obrigatoriedade de ser realizado o Plano de Desenvolvimento Individual (PDI). Recomenda-se também, em caso de necessidade, o uso de tecnologias assistivas, profissionais de apoio à inclusão, assim como a elaboração de atividades avaliativas adaptadas de acordo com a necessidade de cada criança ou adolescente.

Tendo posto todas as principais leis de inclusão, torna-se importante pensarmos como se dá, na prática, a garantia de todos esses direitos, bem como no ambiente escolar estão sendo aplicadas as normas de acessibilidade e inclusão.

3. PRÁTICA INCLUSIVA NAS ESCOLAS REGULARES

Como foi explicitado, as leis e órgãos reguladores têm passado por diversas reestruturações nos últimos anos. Vemos claramente que a maioria tem sido no sentido de garantir maior acesso às pessoas com deficiência a um ensino inclusivo. No entanto, do ponto de vista prático, ainda vemos muitas notícias que indicam a dificuldade de matrícula, de adaptação – tanto pedagógicas quanto relacionais –, como também situações que ferem o princípio de isonomia para pessoas com deficiência terem os mesmos acessos ao ensino superior e concursos que pessoas sem deficiência.

Segundo o Censo Escolar de 2018, realizado pelo Instituto Nacional de Estudos e Pesquisas Educacionais Anísio Teixeira (INEP), temos os seguintes dados que apontam para um aumento significativo em termos de educação inclusiva no Brasil:

> O Censo Escolar 2018 revela avanços também na educação especial. O número de matrículas de alunos com deficiência, transtornos globais do desenvolvimento e/ou altas habilidades/superdotação em classes comuns (incluídos) ou em classes especiais exclusivas chegou a 1,2 milhão em 2018, um aumento de 33,2% em relação a 2014. Esse aumento foi influenciado pelas matrículas de ensino médio que dobraram durante o período. Considerando apenas os alunos de 4 a 17 anos da educação especial, verifica-se que o percentual de matrículas de alunos incluídos em classe comum também vem aumentando gradativamente, passando de 87,1% em 2014 para 92,1% em 2018. (INEP, 2019)
>
> Segundo pesquisa do Datafolha divulgada pela Folha de São Paulo (2019) temos uma mudança de paradigma acontecendo, uma vez que a maioria dos brasileiros (86%), entrevistados pelo instituto, já considera que a educação inclusiva melhora a educação e não apresenta prejuízos para o ensino das crianças sem deficiência , além de melhorar o ensino para as crianças que possuem algum tipo de deficiência. Apesar desses dados, segundo a pesquisa, essa mudança ainda se mostra incipiente, haja vista que não raro nota-se uma resistência da escola e dos pais de crianças sem deficiência em aceitar a inclusão de crianças com deficiência e não questionarem a escola sobre um prejuízo no ensino de seus filhos. A pesquisa também aponta que a maioria dos entrevistados acredita que falta formação dos professores.

Para Claudia Werneck (2009), não é possível pensarmos em uma inclusão parcial. A autora ressalta ainda que isso não significa não discutir sobre a viabilidade da inclusão, mas que é inviável relativizar práticas que não são verdadeiramente inclusivas. Isso também desmistifica a ideia de bondade do outro sem deficiência em incluir, considerando que essa é uma prática garantida em lei.

> Não tem sido simples pensar sobre a inclusão, porque não existe meia-inclusão, assim como não existe meia-gravidez. Ou se está ou não se está grávida. Ou se defende a inclusão concordando com todos os seus princípios ou ainda não se defende a inclusão. (Werneck, 2009, p. 25)

Pensando no conceito de inclusão sendo respeitado seguindo todos os seus paradigmas, o objetivo deste trabalho não é de apontar culpados, mas sim identificar as dificuldades em se ter uma inclusão real no Brasil. Por esta via, achamos que não é possível conceber uma escola inclusiva sem pensarmos em uma cidade acessível, pois muitas vezes as pessoas com deficiência têm dificuldades reais de chegar ao local de ensino, seja por transportes públicos pouco acessíveis, ou até mesmo por calçadas esburacadas, sem rampas ou piso tátil. A estudiosa Monalisa Haddad ainda acrescenta que:

> O nosso país é muito amplo. Por isso, muitas vezes, o que se tem em um estado, não se tem em outro em relação à inclusão, embora a legislação seja única. Mas eu acho que é uma discussão que não para de avançar. Estamos sempre buscando cada vez mais entender as questões relacionadas ao tema e aprimorar o trabalho com inclusão. (Semis, 2019)

Quando se chega à escola, muitas vezes se deparam com discursos de que aquele espaço não está suficientemente adaptado para a inclusão e que a pessoa com deficiência poderia sofrer ali. Obviamente intimidadas, as famílias muitas vezes optam por não matricular seus filhos. Esse tipo de discurso é ilegal e inaceitável, pois um ambiente que causa sofrimento para pessoas com deficiência é um ambiente que não cumpre os requisitos de inclusão e acessibilidade. É importante reforçar que o problema não está na deficiência e sim no sistema educacional, que ainda é muito falho no seu propósito de inclusão através da promoção da diversidade e da igualdade de direitos.

Sendo assim, em caso de negativa na efetivação da matrícula, deve-se solicitar que a instituição a faça por escrito, de modo que torno possível recorrer aos órgãos competentes para denúncia. É necessário também que a família compreenda a importância da inclusão, pois a pessoa com deficiência terá maior possibilidade de participação social.

O contexto ideal de inclusão escolar é que para todo estudante sejam analisadas e respeitadas as suas dificuldades e potencialidades, sem necessidade de comparações e de maneira a estabelecer objetivos de aprendizagem de forma individualizada. Uma das ferramentas que pode ser usada nessa prática é o Plano de Desenvolvimento Individual (PDI).

Nessa perspectiva de ensino, todos os estudantes se beneficiam, tendo em vista que independentemente da deficiência, todos têm pontos que precisam ser aprimorados e respeitados, bem como habilidades. O principal dificultador para esse modelo é a precariedade de recursos disponibilizados para a educação inclusiva. Em grande parte das vezes, as turmas são lotadas e os professores e a equipe de apoio não conseguem fazer esse processo, que exige tempo e investimento.

Tendo em vista, como foi apresentado, que as leis de inclusão já estão garantidas há muitos anos e, mais recentemente, a obrigatoriedade da matrícula, é importante salientar a urgência dessa adaptação nos cursos que envolvem discência. Geralmente, excetuando-se o curso de pedagogia, os demais que podem incluir discência se atém no máximo a disciplinas de libras e braile. Já nos cursos de pedagogia, encontramos mais disciplinas que procuram pensar a prática de inclusão em sala de aula e eventualmente até um estudo maior sobre as especificidades de algumas deficiências.

Não surpreendentemente, observamos que a inclusão de crianças na educação infantil tende a acontecer de forma mais eficaz. Isso se deve tanto ao fato de as diferenças de comportamentos nessa idade muitas vezes serem menos acentuadas, principalmente nas deficiências intelectuais, como também em razão do preparo dos professores, considerando que para lecionar nessa fase de ensino é necessária a formação em pedagogia. Diante essa questão, Monalisa Haddad (2019), esclarece acerca da formação continuada e a importância do diagnóstico que:

> Eles têm um pouco sobre o tema na formação inicial, mas essa formação é superficial. Como alguns trabalham com isso, investem na formação continuada. Porém, os casos de inclusão são quase tão individuais, mesmo entre crianças que possuem o mesmo diagnóstico, que os comportamentos e conhecimentos são diferentes, bem como as devidas intervenções têm características diferentes. Devido a essa abrangência do que o professor vivencia na sala de aula, a teoria nem sempre dá conta. Por isso, os professores, embora tenham formação continuada, ainda sentem que a formação que eles têm sobre inclusão não é suficiente. Acaba ficando essa busca de sempre buscar um pouquinho mais de formação. Daí a importância de conhecer o seu aluno e valorizar o que essa criança já sabe para, a partir de então, começar um trabalho para que ela possa avançar mais. (Semis, 2019)

Observa-se que na maioria dos casos as deficiências intelectuais são aquelas com mais resistência no processo de inclusão, pois muitas vezes necessitam de um diagnóstico para orientar o direcionamento necessário. Aqui deve-se salientar dois pontos relevantes. O primeiro é a dificuldade cultural ainda maior de se lidar com uma diferença que não é visível de imediato. Trata-se de uma ideia de que todo comportamento tem que ser justificado. O segundo, é que normalmente as pessoas compreendem diagnóstico como categorização e necessariamente o uso consequente de medicação. É importante notar que em muitas das ocorrências não é necessário o uso de medicação diante do diagnóstico de uma deficiência, e essa não pode ser usada com um propósito distorcido de supostamente facilitar a inclusão.

Quando se tem profissionais de saúde acompanhando um aluno com deficiência, é possível perceber o interesse dos professores e profissionais da educação em aprender com as visitas realizadas. Por vezes, os mesmos se queixam de falta de apoio, direcionamento e formação com incentivo da escola.

Ainda é muito comum assistir a reportagens que salientam práticas educacionais inclusivas bem-sucedidas caírem em certo capacitismo – que consiste no preconceito contra pessoas com deficiência – numa noção de que todos os corpos e mentes fora de um certo padrão estão fora da normalidade e, portanto, são inferiores.

Vemos essa prática acontecer de diversas formas, tanto colocando professores que promovem a inclusão como seres superiores, quanto romantizando a superação de uma pessoa com deficiência, quando na verdade o ambiente deveria ser adaptado para suas especificidades ou mesmo incentivado a oferecer adjetivos elogiosos a uma pessoa em contraposição à sua deficiência.

O capacitismo surge de uma noção de que todos devem ser iguais, mas isso menospreza o fato de que para termos equidade é necessário dar recursos diferentes dependendo da necessidade de cada pessoa.

Um exemplo emblemático dessa situação ocorreu em novembro de 2019, quando a justiça negou o direito de pessoas cegas ou com baixa visão fazerem a prova do ENEM com o uso do computador, tido por essas pessoas como uma tecnologia assistiva. Ao não oferecer condições iguais para essas pessoas realizarem a prova e, considerando que o tempo gasto para o braile é muito maior, a medida fere o princípio de isonomia (Yahoo Notícias, 2019).

Esse tipo de ação nos mostra que a questão da educação inclusiva tem que ser pensada para além dos muros da escola e que a dificuldade das pessoas com deficiência de terem seus direitos respeitados dura muitas vezes toda a sua vida estudantil.

O capacitismo é um dos principais responsáveis pelo bullying. Por vezes, até mesmo a equipe pedagógica pode recair nesse erro, se não se mostrar atenta. Esperar que um estudante faça algo que ele não tem condições de realizar, ou enfatizar a dificuldade desse aluno em sala de aula sem utilizar suas outras habilidades para lidar com isso, são atitudes capacitistas que muitas das vezes favorecem para que o bullying ocorra. Uma atitude inclusiva requer utilizar todos os recursos possíveis para que a pessoa com deficiência tenha acesso ao conteúdo, bem como incentivar que todos falem sobre suas diferenças, sem para isso emitir qualquer juízo de valor.

De acordo com o conceito de deficiência colocado no Estatuto da Pessoa com Deficiência (2015), percebe-se que a deficiência é identificada também como uma situação presente em um ambiente não adaptado que impõe barreiras.

> Art. 2º Considera-se pessoa com deficiência aquela que tem impedimento de longo prazo de natureza física, mental, intelectual ou sensorial, o qual, em interação com uma ou mais barreiras, pode obstruir sua participação plena e efetiva na sociedade em igualdade de condições com as demais pessoas. (Lei n. 13.146, 2015)

Sendo assim, mostra-se a urgência de mais acessibilidade em todos os sentidos. Não é eficaz modificar o ambiente para uma pessoa com deficiência física e não se adaptar para uma linguagem mais simples para uma pessoa com deficiência intelectual, ou respeitarmos os *stins* – movimentos repetitivos de autorregulação – que pessoas autistas necessitam para se concentrar ou auxiliar no seu processamento sensorial. Fica evidente ainda a necessidade de uma equipe interdisciplinar no ambiente escolar e o consequente acompanhamento da inclusão de uma pessoa com deficiência na escola, pois apenas assim garantiremos uma atenção global e uma diversificação dos conhecimentos sobre crianças, adolescentes e suas deficiências.

CONCLUSÃO

Aqui, ressaltamos a dificuldade ainda existente em nossa cultura de lidar com o diferente. Em grande parte das vezes, há resistência à inclusão de todas as pessoas, e a sociedade muitas vezes prefere não se relacionar com quem entendem ser diferentes de si. Nesse contexto, configurando-se como um grupo minoritário, pessoas com deficiência são brutalmente atingidas e afetadas por essa característica social.

É necessário compreender que a educação inclusiva preconiza um sistema educacional que tem a diversidade como um valor. Dessa forma, é dever da escola aceitar a matrícula de crianças e adolescentes com deficiência, oferecer um ambiente acessível, profissionais capacitados, adaptar conteúdos e, segundo a lei, em caso de necessidade, inserir o profissional de apoio escolar. Tudo isso, a fim de cumprir o direito à educação para todos e alcançar o máximo desenvolvimento possível da pessoa com deficiência.

Nesse sentido, devemos salientar a importância de a família manter a criança ou o adolescente matriculados e frequentes na escola, tal como prevê o Estatuto da Criança e do Adolescente, além de buscar profissionais de saúde, tais como psicólogos, psicopedagogos, terapeutas ocupacionais, fonoaudiólogos entre outros, quando necessário, para auxiliar no processo de inclusão e facilitar o processo de aprendizado. Destaca-se ainda a dificuldade de acesso a esses profissionais através do SUS, seja por falta de especialização em algumas deficiências ou pela ausência de profissionais disponíveis.

O princípio da inclusão deve ser de que todos somos diferentes, não existindo aqueles que são especiais, normais ou excepcionais. Existem as pessoas com deficiência e que precisam de acessibilidade para ter acesso aos mesmos direitos que todo cidadão brasileiro. Favorecer um espaço para o diálogo das diferenças faz com que todas as crianças se sintam mais incluídas e respeitadas e passem a olhar para si mesmas com mais amorosidade, mesmo que seus corpos ou comportamentos estejam fora de um padrão. Isso não significa ausência de limites ou de regras, mas uma flexibilização com as diferenças e com os diversos caminhos que muitas vezes podem ser trilhados para se chegar a um lugar comum.

Vemos ainda a relevância do Estatuto da Pessoa com Deficiência, uma vez que elabora um compilado de leis antes muito fragmentadas e que dificultavam o seu acesso e cumprimento. Além disso, é urgente salientar a importância da obrigatoriedade da matrícula de crianças e adolescentes com deficiência nas escolas regulares, considerando que essa prática minimiza o preconceito e a falta de adaptação não pode ser utilizada como uma justificativa para a exclusão.

Para que pessoas com deficiência possam ter acesso a empregos, é necessário que possam ter acesso ao conhecimento. Como consequência da dificuldade de acessarem a formação e o mercado de trabalho, ainda hoje percebemos que muitas pessoas com deficiência se encontram em situação de extrema pobreza ou de dependência familiar. Tudo isso posto, vê-se que ainda há um longo caminho para se construir uma sociedade mais justa, igualitária e inclusiva, mas, sem dúvida alguma, esse caminho começa por uma prática real e eficaz na escola inclusiva.

REFERÊNCIAS

Constituição da República Federativa do Brasil. (1988). http://www.planalto.gov.br/ccivil_03/constituicao/constituicao.htm

Escola de Gente (2009). *Textos da Mídia Legal 5*: Especialistas pela não-discriminação. Rio de Janeiro: Escola de Gente.

Haje, Lara. (2019). *Conselho Nacional de Direitos da Pessoa com Deficiência permanece, garante secretária*. Câmara dos Deputados. https://www.camara.leg.br/noticias/556897-conselho-nacional-de-direitos-da-pessoa-com-deficiencia-permanece-garante-secretaria/

Instituto Nacional de Estudos e Pesquisas Educacionais Anísio Teixeira. (2019). *Censo Escolar 2018 revela crescimento de 18% nas matrículas em tempo integral no ensino médio*. http://portal.inep.gov.br/artigo/-/asset_publisher/B4AQV9zFY7Bv/content/censo-escolar-2018-revela-crescimento-de-18-nas-matriculas-em-tempo-integral-no-ensino-medio/21206

Lei n. 13.146, de 6 de julho de 2015. (2015). Institui a Lei Brasileira de Inclusão da Pessoa com Deficiência (Estatuto da Pessoa com Deficiência). http://www.planalto.gov.br/ccivil_03/_ato2015-2018/2015/lei/l13146.htm.

Lei n. 8.069, de 13 de julho de 1990. (1990). Dispõe sobre o Estatuto da Criança e do Adolescente e dá outras providências. http://www.planalto.gov.br/ccivil_03/Leis/L8069.htm.

Mantoan, M. T. E. (2009). Ultrapassar Barreiras e Avançar na Inclusão Escolar. In R. M. Corrêa (Org.), *Avanços e desafios na construção de uma sociedade inclusiva*. (pp. 85-91). Sociedade Inclusiva/PUC-MG.

Marques, J. (2019). Maioria dos brasileiros afirma que escola inclusiva melhora educação. *Folha de São Paulo*. https://www1.folha.uol.com.br/cotidiano/2019/10/maioria-dos-brasileiros-afirma-que-escola-inclusiva-melhora-educacao.shtml?fbclid=IwAR3Abyn6wRg_BegSeFbA1x4o3w_BoFYG-LZRBLgeHsHuR_XZwvyxl-mJbR8

Organização Das Nações Unidas. (1948). Declaração Universal dos Direitos Humanos. Aprovada pela Resolução 217 A (III) da Assembleia Geral. https://www.ohchr.org/EN/UDHR/Documents/UDHR_Translations/por.pdf

Semis, L. (2019). *Inclusão*: A teoria nem sempre dá conta. Nova Escola. https://novaescola.org.br/conteudo/18265/inclusao-a-teoria-nem-sempre-da-conta

Werneck, C. (2009). *Ninguém mais vai ser bonzinho na sociedade inclusiva*. 4ª ed. WVA.

Yahoo Notícias (2019). *'Enem fere o princípio da isonomia para candidatos cegos', diz mãe de estudante com deficiência visual*. https://br.noticias.yahoo.com/enem-fere-o-principio-da-isonomia-para-candidatos-cegos-diz-mae-de-estudante-070053734.html

A DEFENSORIA PÚBLICA E A EDUCAÇÃO PARA A PESSOA COM DEFICIÊNCIA

Estêvão Machado de Assis Carvalho
Fernanda Cristiane Fernandes H. Milagres

1. INTRODUÇÃO

O presente artigo tem a intenção de apresentar, ainda que em linhas gerais, o trabalho desempenhado pela Defensoria Pública, em especial a de Minas Gerais, onde atuam os dois autores do trabalho, na defesa do direito à educação da pessoa com deficiência.

Para tanto, apresentaremos o perfil constitucional atual da instituição Defensoria Pública, bem como o seu papel na defesa dos direitos em geral da pessoa com deficiência, principalmente a partir da previsão contida no artigo 79, §3° da Lei Brasileira de Inclusão (Lei 13.146/2015), que lhe conferiu *status* de verdadeira guardiã de tais direitos.

Por fim, enumeraremos as principais demandas relativas ao direito à educação das pessoas com deficiência que aportam à Defensoria no cotidiano de seu trabalho, o que prevê a legislação a respeito de tais temas e quais tem sido as medidas tomadas pela instituição para resguardar esses direitos de seus assistidos.

2. PERFIL CONSTITUCIONAL DA DEFENSORIA PÚBLICA E SEU PAPEL DE GARANTIDORA DOS DIREITOS DA PESSOA COM DEFICIÊNCIA

A Defensoria Pública tem seu desenho constitucional básico previsto no art. 134 da Constituição da República, senão vejamos:

> Art. 134. A Defensoria Pública é instituição permanente, essencial à função jurisdicional do Estado, incumbindo-lhe, como expressão e instrumento do regime democrático, fundamentalmente, a orientação jurídica, a promoção dos direitos humanos e a defesa, em todos os graus, judicial e extrajudi-

> cial, dos direitos individuais e coletivos, de forma integral e gratuita, aos necessitados, na forma do inciso LXXIV do art. 5º desta Constituição Federal. (Constituição da República Federativa do Brasil, 1988)

Tal redação foi trazida ao ordenamento jurídico pela Emenda Constitucional 80/2014 e carrega como função básica da instituição a assistência jurídica, e não apenas judicial, das pessoas consideradas necessitadas. Assim, para melhor compreensão desse papel, cumpre ser analisado o que se entende atualmente por necessitado, ou seja, qual é o público alvo da Defensoria Pública e, portanto, qual é o papel desempenhado pela instituição no sistema de justiça pátrio.

Já de muito foi superada, felizmente, a ideia de que os necessitados citados no mencionado Art. 134 da Constituição da República seriam apenas as pessoas carentes do ponto de vista econômico, ou seja, aquelas que não têm condições financeiras para a contratação de um advogado e que, portanto, em razão de tal fato, estariam privadas do acesso à justiça.

Atualmente, o entendimento da dimensão do termo necessitados, para fim de atendimento da Defensoria Pública, é bem mais amplo do que os meramente privados de recursos materiais e monetários. Ele abrange todos aqueles grupos sociais com a chamada necessidade ou hipossuficiência jurídica, isto é, aqueles grupos que, em razão de fatores sociais e históricos, se tornaram vulnerabilizados, tendo desvantagens de oportunidades em relação às demais pessoas e fazendo jus a uma atenção especial das instituições de justiça, especialmente da Defensoria Pública.

Dentre esses grupos de vulnerabilizados que, portanto, teriam direito à assistência da Defensoria Pública, independentemente de sua condição econômica, poderíamos citar os consumidores, as crianças e adolescentes, alguns grupos étnicos, os idosos e as *pessoas com deficiência.*

Edilson Santana Gonçalves Filho, autor da obra *Defensoria Pública e a Tutela Coletiva de Direitos: Teoria e Prática*, assim se manifesta sobre o tema:

> Cabe, portanto, à Defensoria Pública, por força de dispositivo constitucional, a defesa do necessitado que comprove a insuficiência de recursos. Tal carência (que não é só de ordem financeira) gera vulnerabilidade. *Logo, a defensoria Pública tem como missão constitucional a defesa dos vulneráveis* [ênfase adicionada]. (Filho, 2016)

Corroborando tal ideia, a Lei Complementar 80 de 1994, considerada a Lei Orgânica da Defensoria Pública, em seu art. 4º, traz dispositivo expresso no sentido de que é função da instituição:

> XI – exercer a defesa dos interesses individuais e coletivos da criança e do adolescente, do idoso, da pessoa portadora de necessidades especiais, da mu-

lher vítima de violência doméstica e familiar e de outros grupos sociais vulneráveis que mereçam proteção especial do Estado; (Redação dada pela Lei Complementar nº 132, de 2009). (Lei Complementar n. 80, 1994)

Por fim, ampliando ainda mais o papel da Defensoria Pública de garantidora do respeito aos direitos da pessoa com deficiência, a Lei Brasileira de Inclusão (Lei 13.146/15), diploma legal mais importante do Brasil no que se refere aos direitos de tais pessoas, dispõe em seu art. 79, §3º, que "a Defensoria Pública e o Ministério Público tomarão as medidas necessárias à garantia dos direitos previstos nesta Lei" (Lei n. 13.146, 2015).

Portanto, cabe atualmente à Defensoria Pública, assim como ao Ministério Público, a função de garantidora da observância e da efetivação dos direitos da pessoa com deficiência previstos em lei, estando englobado aí o direito à educação, objeto específico do presente artigo.

Superada, pois, essa premissa, ou seja, verificado que é função institucional da Defensoria Pública a assistência jurídica da pessoa com deficiência, independentemente da condição financeira desta, cumpre aqui ser delineado qual é o atual modelo conceitual de deficiência, as consequências da adoção de tal modelo no que concerne à prestação do serviço público de educação, bem como qual tem sido a atuação da Defensoria Pública na defesa da efetivação de tal direito.

3. DA ADOÇÃO PELO ORDENAMENTO JURÍDICO BRASILEIRO DO MODELO SOCIAL DE DEFICIÊNCIA E SUA CONSEQUÊNCIA PARA O DIREITO À EDUCAÇÃO DE TAIS PESSOAS

O ordenamento jurídico brasileiro, assim como o da maioria dos países mais desenvolvidos do mundo, adotou, na conceituação de deficiência, o chamado modelo social. Tal modelo, que sucedeu o modelo biomédico de deficiência, trouxe uma mudança radical de paradigma quanto à responsabilidade da sociedade e do Estado na inclusão da pessoa com deficiência, conforme se verificará a seguir.

Durante um longo período, entendia-se a deficiência como um fenômeno meramente biológico ou físico, de ordem individual. Havia, assim, uma confusão entre os conceitos de lesão e de deficiência. Essa conceituação configurou o chamado modelo biomédico de deficiência.

A partir desse modelo, a deficiência era tratada, como dito, como um fenômeno meramente orgânico, decorrente de uma doença, acidente, síndrome ou outro fator. Dessa forma, a busca deveria ser pela disponibilização de tratamentos médicos e terapêuticos, no intuito de que a deficiência fosse superada ou diminuída, para que somente assim a pessoa pudesse se integrar à sociedade.

Há, portanto, a partir de tal modelo, uma clara atribuição à pessoa com deficiência da responsabilidade de se integrar à sociedade. Cabia a ela, pessoa com deficiência, a busca pela superação de suas limitações, ficando a sociedade e o Estado em condição cômoda, isentos de responsabilidades neste particular, vez que não tinham que se adaptar para garantir oportunidades sociais iguais a essas pessoas em relação às demais.

O modelo biomédico de deficiência foi substituído e superado a partir do final da década de 1960 pelo chamado modelo social de deficiência, o que representou verdadeira revolução no tratamento da questão, conforme se verificará a seguir.

O modelo social de deficiência, ao contrário do modelo biomédico, faz clara distinção entre os conceitos de lesão (fenômeno biológico, físico e individual) e de deficiência (fenômeno eminentemente sociológico e que decorre da interação do indivíduo com o meio social a que ele está inserido). Portanto, a partir de tal modelo, para que se conceitue determinada pessoa com sendo pessoa com deficiência, não basta a análise de sua condição individual, de suas limitações. É necessário que se verifique em qual ambiente essa pessoa está inserida e se esse ambiente é capaz de propiciar a redução das citadas limitações e sua efetiva inclusão social.

Tal mudança de conceituação impacta diretamente na seara da responsabilidade civil, seja da sociedade ou do Estado, haja vista que esses entes se tornam diretamente responsáveis pela inclusão da pessoa com deficiência nos mais diversos ambientes e que falhas no exercício dessa obrigação podem gerar punições aos responsáveis – o que não ocorria anteriormente.

A fim de exemplificar o que aqui se expõe, simulamos a seguinte situação: uma determinada pessoa com deficiência física que não consegue acessar determinado prédio público, em razão da sua falta de acessibilidade física.

Pelo modelo biomédico, tal pessoa não teria como tomar nenhuma providência jurídica contra o ente responsável pelo citado prédio, uma vez que, como dito, cabia a ela a obrigação de superar sua deficiência e se integrar aos ambientes sociais.

Por outro lado, pelo modelo social, a responsabilidade pela inclusão dessa pessoa na situação apontada é do ente responsável pelo prédio que, via de consequência, pode ser penalizado pela falha no exercício de tal obrigação.

Logo, o modelo social impõe à sociedade e ao Estado (*lato sensu*) total responsabilidade quanto à inclusão das pessoas com deficiência em todos os ambientes, e é neste contexto que se enquadra o direito à educação dessas pessoas.

Aliás, ao conceituar a pessoa com deficiência, em seu Art. 2º, a Lei Brasileira de Inclusão, repetindo redação da Convenção da ONU para os direitos da Pessoa com Deficiência, traduz diretamente o modelo social acima citado, vez que dispõe que a verificação da deficiência se dará a partir da interação da pessoa com o ambiente em que está inserida, senão vejamos:

> Art. 2º Considera-se pessoa com deficiência aquela que tem impedimento de longo prazo de natureza física, mental, intelectual ou sensorial, o qual, *em interação com uma ou mais barreiras* [ênfase adicionada], pode obstruir sua participação plena e efetiva na sociedade em igualdade de condições com as demais pessoas. (Lei n. 13.146, 2015)

Há, assim, na atual conjuntura legal e social, a obrigação de que todos os entes e atores ligados à prestação do serviço público de educação estejam preparados para receber de forma adequada e inclusiva a pessoa com deficiência, possibilitando o máximo desenvolvimento de seu potencial.

É também nesse contexto que se insere o papel da Defensoria Pública que, como garantidora do respeito aos direitos da pessoa com deficiência, tem a obrigação de intervir sempre que verificar esses direitos sendo de alguma forma violados, incluindo aí o direito à educação, tema principal deste trabalho.

Assim, nos próximos tópicos, trataremos, ainda que de forma resumida, sobre os casos mais comuns que aportam à Defensoria Pública quanto ao direito à educação da pessoa com deficiência e quais têm sido as medidas tomadas pela instituição.

4. DAS PRINCIPAIS DEMANDAS ATENDIDAS PELA DEFENSORIA PÚBLICA QUANTO AO DIREITO À EDUCAÇÃO DA PESSOA COM DEFICIÊNCIA

4.1. DO DIREITO À MATRÍCULA COMPULSÓRIA DA PESSOA COM DEFICIÊNCIA

O primeiro direito a ser tratado aqui é o chamado direito à matrícula compulsória da pessoa com deficiência que nada mais é do que a proibição de que qualquer estabelecimento de ensino, público ou privado, negue a matrícula de aluno com deficiência em razão desta.

Por vezes a Defensoria Pública tem sido procurada por famílias de alunos que, ainda que de forma velada e por meio de subterfúgios diversos, têm enfrentado obstáculos para a matrícula de seus filhos, principalmente em instituições de ensino da rede privada.

O que se nota é que as instituições de ensino, às vezes por desconhecimento da lei, às vezes por pura má vontade e às vezes por não se mostrarem dispostas a conviverem com o diferente, não se abrem para receber o aluno com deficiência e fazem todo o esforço para afastar tal aluno de seu ambiente. Tal prática, não obstante odiosa, tem se mostrado infelizmente comum, o que vem impondo uma atuação enérgica da Defensoria nesse particular.

É de se dizer que a negativa de matrícula do aluno com deficiência constitui crime punível com detenção de dois a cinco anos e multa, por força do disposto no art. 8º, Lei nº 7.853/89 abaixo colacionado:

> Art. 8º Constitui crime punível com reclusão de 2 (dois) a 5 (cinco) anos e multa: (Redação dada pela Lei nº 13.146, de 2015) (Vigência)
> I - recusar, cobrar valores adicionais, suspender, procrastinar, cancelar ou fazer cessar inscrição de aluno em estabelecimento de ensino de qualquer curso ou grau, público ou privado, em razão de sua deficiência. (Lei n. 7.853, 1989)

Ademais, também constitui crime previsto no mesmo dispositivo de lei a cobrança de qualquer valor extra do aluno com deficiência. Eventualmente a Defensoria Pública é procurada por pais de alunos que, ao tentar matricular seus filhos em escolas particulares, são surpreendidos com a informação de que estes serão aceitos desde que se pague uma taxa extra para, por exemplo, a contratação de um professor de apoio para acompanha-los em sala de aula.

Aliás, a questão da possibilidade ou não de cobrança de taxa extra do aluno com deficiência foi submetida pela Confederação Nacional das Escolas Particulares ao Supremo Tribunal Federal que, no julgamento da ADI 5357, reconheceu como constitucionais os dispositivos da Lei Brasileira de Inclusão, ratificando a proibição de cobrança de qualquer taxa extra do aluno com deficiência.

Deve ser dito, por fim, que a violação da norma acima exposta, além de crime, constitui ilícito civil e pode gerar para o ofendido (pessoa com deficiência e sua família) o direito à reparação pelos danos sofridos.

Além disso, deve ser aqui lembrado que as escolas particulares são delegatárias de um serviço público e, portanto, a violação de norma legal expressa pode gerar também sanções de natureza administrativa, chegando até a uma possível cassação da autorização de funcionamento.

4.2. DO DIREITO DE ESCOLHA ENTRE AS ESCOLAS REGULARES E AS ESCOLAS ESPECIAIS

Outra questão com qual a Defensoria Pública frequentemente se depara é o desrespeito do Poder Público quanto ao direito de escolha, garantido por lei às famílias de pessoas com deficiência, entre sua matrícula em escolas da rede regular de ensino ou em escolas especiais.

Em nome de uma pretensa política de inclusão escolar do aluno com deficiência, o Estado, violando como dito toda a legislação que trata do tema, vinha impondo às famílias de alunos com deficiência a obrigação de que estes frequentassem a rede regular de ensino.

Em razão de tal imposição, a Defensoria Pública começou a ser insistentemente procurada por famílias que, por diversos motivos particulares, gostariam que seus filhos frequentassem as escolas especiais, mas estavam com tal direito de escolha cerceado pelo Poder Público que, conforme mencionado, impunha a matrícula na rede regular de ensino.

Assim, a Defensoria Pública de Minas Gerais se viu obrigada a ajuizar diversas ações cujo objeto era a determinação judicial de que se respeitasse a escolha das famílias e, por conseguinte, que se permitisse a matrícula de alunos com deficiência nas escolas especiais. Tais ações se baseavam em toda a legislação que trata do tema, conforme se verificará a seguir.

Em primeiro lugar, o artigo 208, inciso III, da Constituição Federal, dispõe que "o dever do Estado com a educação será efetivado mediante a garantia de ... atendimento educacional especializado aos portadores de deficiência, preferencialmente na rede regular de ensino" (Constituição da República Federativa do Brasil, 1988).

Portanto, verifica-se que a norma em questão utilizou o termo "preferencialmente", que tem o significado de escolhidamente, ou seja, que depende de mais de uma opção. Assim, se as pessoas com deficiência devem "preferencialmente" ou "escolhidamente" ser matriculadas nas escolas regulares é porque também deve ser dada a elas a opção de matrícula nas escolas regulares.

Ademais, as diretrizes educacionais brasileiras estão previstas na Lei 9394/96, Lei de Diretrizes e Bases da Educação, que traz as normas e princípios básicos a serem observados pelos gestores públicos nos três níveis de governo quanto ao serviço público de educação.

Tal lei, além de repetir a previsão constitucional de que a educação para as pessoas com deficiência se dará *preferencialmente* na rede regular de ensino, assevera, no parágrafo 2º, do art. 58, que o atendimento ao aluno com deficiência ocorrerá em classes, escolas ou serviços especializados, *quando suas condições específicas não permitirem sua inclusão em uma turma regular*.

Assim, a orientação clara trazida pela legislação é de que a inclusão do aluno com deficiência no ensino regular é a regra, mas deve se dar de forma criteriosa e com respeito às peculiaridades de cada aluno e desde que se mostre a medida mais adequada naquele caso concreto.

Nesse mesmo sentido de conclusão, as pessoas com deficiência incapazes de se adaptar em escolas comuns não podem ser compelidas a integrar a rede regular de ensino, pois isso importaria, na realidade, em uma verdadeira segregação sob o nome de inclusão escolar. Isso significa que estar-se-ia tratando um direito (inclusão escolar) como um dever, o que não pode ser admitido.

Assim sendo, verifica-se que toda a legislação que organiza a educação nacional prevê a coexistência entre as escolas regulares e as escolas especiais e é dever da Defensoria Pública zelar para esse direito de escolha das famílias de pessoas com deficiência seja efetivamente respeitado pelo Estado.

4.3. DO DIREITO ÀS ADAPTAÇÕES NA REDE REGULAR DE ENSINO

Conforme já mencionado, a Lei Brasileira de Inclusão, seguindo o que dispõe a Constituição da República, estabelece como garantia da pessoa com deficiência sistema educacional inclusivo em todos os níveis e aprendizado ao longo de toda a vida (artigo 27, *caput*).

Garante-se não só o direito de matrícula, como também e principalmente o direito à permanência, participação e aprendizagem na rede regular de ensino.

Entende-se por sistema educacional inclusivo a frequência do aluno com deficiência em escola regular.

A inclusão escolar, tanto quanto a inclusão social, está atrelada à disponibilização de adaptações razoáveis. A própria LBI estabelece a definição das chamadas Adaptações Razoáveis. Transcrevemos:

> Art. 3º: *Adaptações razoáveis: adaptações, modificações e ajustes necessários e adequados que não acarretem ônus desproporcional e indevido [ênfase adicionada]*, quando requeridos em cada caso, a fim de assegurar que a pessoa com deficiência possa gozar ou exercer, em igualdade de condições e oportunidades com as demais pessoas, todos os direitos e liberdades fundamentais. (Lei n. 13.146, 2015)

Conforme se observa, a lei não enumera taxativamente quais seriam as Adaptações Razoáveis a serem efetivadas no ambiente escolar, de forma que as necessidades individuais de cada aluno com deficiência devem ser levadas em consideração para a definição das adaptações razoáveis a serem utilizadas na prática escolar diária.

Abordaremos em seguida as medidas usualmente solicitadas pelos usuários da Defensoria Pública, no que se refere à educação inclusiva.

4.3.1. PROFISSIONAL DE APOIO ESCOLAR (PAE)

O direito ao Profissional de Apoio Escolar (PAE) está previsto no inciso XVII do artigo 28 da LBI, no capítulo referente ao Direito à Educação e conceituado no inciso XIII, do artigo 3º, da referida lei. Profissional de Apoio Escolar (PAE) é definido como a

> pessoa que exerce atividades de alimentação, higiene e locomoção do estudante com deficiência e atua em todas as atividades escolares nas quais se fizer necessária, em todos os níveis e modalidades de ensino, em instituições públicas e privadas, excluídas as técnicas e procedimentos identificados com profissões legalmente estabelecidas. (Lei n. 13.146, 2015)

Observa-se que o referido dispositivo não enumera de forma taxativa as funções a serem exercidas pelo PAE, estabelecendo que ele deve "... atuar em todas as atividades escolares nas quais se fizer necessária".

Sendo assim, várias famílias buscam ajuizar demandas, através da Defensoria Pública, com o intuito de obter um Profissional de Apoio para acompanhar o aluno com deficiência não apenas nas atividades básicas (alimentação, higiene e locomoção), mas também nas atividades de socialização e naquelas pedagógica, embora esta última não se configure em atuação típica do referido profissional.

Para a apresentação dessa demanda ao Judiciário, recomendamos que a família previamente solicite o referido apoio diretamente à escola ou à Secretaria de Educação. Caso negada a adaptação, o pedido pode ser apresentado ao Judiciário.

Embora o diagnóstico formal de deficiência seja prescindível para a disponibilização do PAE, bastando que se verifique a necessidade do aluno, recomendamos que o pedido judicial seja munido de Relatórios Médicos e de outros profissionais da área de educação e saúde que acompanhem o aluno, com o intuito de auxiliar o Juízo na compreensão da demanda.

Uma dúvida frequente das famílias é a de que o Profissional de Apoio Escolar somente poderia ser disponibilizado nas séries iniciais. Não deve ser assim. A referida adaptação pode e deve ser disponibilizada em qualquer grau ou série, desde a educação infantil até à faculdade, desde que haja necessidade.

Trata-se também de um dever imposto às escolas públicas e particulares, sendo vedado cobrar qualquer valor adicional na mensalidade escolar em decorrência da disponibilização desse serviço, nos termos do parágrafo 1º do artigo 28 da LBI. Essa questão já foi analisada pelo Supremo Tribunal Federal, na ADI 5357 ajuizada pela Confederação Nacional dos Estabelecimentos de Ensino (Confenen), por meio da qual foi confirmada judicialmente a impossibilidade de cobrança de qualquer valor adicional sob pretexto de disponibilização do PAE em favor do aluno com deficiência.

Verificamos que, embora o Supremo Tribunal Federal já tenha se pronunciado sobre o assunto, ainda é prática relativamente usual que a família do aluno com deficiência arque com o pagamento de um Profissional de Apoio Escolar para acompanhamento de seu filho durante as aulas em escolas particulares.

Nesses casos, a atuação extrajudicial da Defensoria Pública, mediante orientação aos pais e/ou contato com a escola, tem sido suficiente para fazer cessar a prática ilegal e inconstitucional.

O Profissional de Apoio Escolar é medida de apoio individualizada, contudo atualmente existe a prática de disponibilizar um PAE para cada dois alunos com deficiência matriculados na mesma escola e turno, o que não acarreta irregularidade ou descumprimento da lei. Registre-se que, inclusive, o Juízo da Infância e Juventude de Belo Horizonte tem decidido nesse sentido.

No entanto, é importante observar se o compartilhamento do PAE não está prejudicando o acompanhamento de um dos alunos. Nesse caso, existe amparo legal possibilidade de pleitear um PAE exclusivo para o aluno prejudicado, mediante a comprovação da necessidade de exclusividade através de Relatórios Médicos e de outros profissionais da área de educação e saúde que acompanhem o aluno.

4.3.2. ATENDIMENTO EDUCACIONAL ESPECIALIZADO (AEE)

Outro instrumento de grande relevância na prática educacional inclusiva é o Atendimento Educacional Especializado (AEE), que também está previsto no já mencionado artigo 28 e pode ser definido como "conjunto de atividades, recursos de acessibilidade e pedagógicos organizados institucional e continuamente" (Decreto n. 7611, 2011).

O Atendimento Educacional Especializado deve ser prestado por um profissional especializado, o qual detectará as barreiras e os limitadores ao aprendizado do aluno com deficiência, elaborando em seguida as estratégias necessárias à efetivação do aprendizado.

Na prática, muitas vezes o AEE é confundido com um serviço de reforço escolar, o que não está correto. Trata-se de serviço de elaboração e aplicação de estratégias de aprendizagem diferenciadas, realizado com base e em função da demanda individual de cada aluno com necessidade educacional especial.

Assim como no caso do Profissional de Apoio Escolar, o diagnóstico formal de deficiência também é prescindível para a disponibilização do AEE, bastando que se verifique a necessidade do aluno.

Caso o serviço tenha sido negado pela escola ou pela Secretaria de Educação, recomendamos o ajuizamento da demanda, cujo pedido deve ser munido de Relatórios Médicos e de outros profissionais da área de educação e saúde que acompanhem o aluno, com o intuito de auxiliar o Juízo na compreensão da demanda.

Atualmente, na rede pública de educação em Belo Horizonte, o serviço de AEE geralmente é disponibilizado no contra turno escolar, em sala de recursos e em alguns dias da semana. Além disso, o referido serviço não é necessariamente prestado na mesma unidade escolar, podendo ser oferecido apenas nas chamadas Escolas Polo, nas quais as salas de recursos concentram alunos de diversas unidades de ensino.

Nas escolas particulares, geralmente o serviço de AEE é prestado no mesmo turno escolar frequentado pelo aluno, mediante realização de atividades diferenciadas e materiais de apoio que facilitem o aprendizado, dentre outros. Importante registrar também que, infelizmente, algumas escolas particulares não oferecem o Atendimento Educacional Especializado, o que contraria a legislação e, portanto, pode ser exigido judicialmente.

As principais demandas atendidas pela Defensoria Pública concernentes ao AEE são pedidos de disponibilização ou ampliação do serviço, como acontece quando o aluno demonstra que necessita frequentar a sala de recursos diariamente e solicita isso na via judicial.

A despeito das demandas serem apresentadas pelas famílias à Defensoria Pública nos moldes descritos no parágrafo acima, é importante refletir que o AEE não deve ser necessariamente desenvolvido em ambiente apartado. Ao contrário, deve ser um trabalho desenvolvido em regime de parceria entre o profissional especializado e o professor regente, mediante disponibilização de apoio em sala de aula comum, de forma a complementar o trabalho desenvolvido com o aluno com deficiência e, assim, viabilizar seu aprendizado e propiciar o desenvolvimento máximo de suas potencialidades.

Conclui-se que o AEE pode ser realizado em uma sala de recursos multifuncionais e no contra turno, mas não necessariamente dessa forma, podendo ser desenvolvido dentro da própria sala de aula, no pátio da escola, na biblioteca, ou mesmo no ambiente das aulas especializadas. A forma como esse serviço será desenvolvido dependerá da demanda concreta de cada aluno com deficiência.

4.3.3. PLANO DE DESENVOLVIMENTO INDIVIDUAL (PDI) OU PLANO DE EDUCAÇÃO INDIVIDUAL (PEI)

Outra importante adaptação a ser disponibilizada ao aluno com deficiência é o chamado Plano de Desenvolvimento Individual (PDI), também chamado de Plano de Educação Individual (PEI).

Trata-se de um documento escrito cujo objetivo é adaptar o currículo escolar regular às necessidades do aluno com deficiência e/ou necessidades educacionais especiais. Cada aluno com deficiência tem o direito de ter um PDI / PEI desenvolvido exclusivamente para si.

O PDI ou PEI deve ser elaborado no início do ano letivo e ser constantemente revisto no curso do ano, de acordo com a demanda e o desenvolvimento do aluno. Sua elaboração compete à equipe escolar.

Nada impede, contudo, que o PDI / PEI seja elaborado em parceria com a família e com os profissionais das áreas de saúde e educação que acompanham o aluno. Ao contrário, isso é até recomendável e possui amparo jurídico no artigo 53 da Lei nº 8069/90 (Estatuto da Criança e do Adolescente). O referido dispositivo assim estabelece:

> Art. 53. A criança e o adolescente têm direito à educação, visando ao pleno desenvolvimento de sua pessoa, preparo para o exercício da cidadania e qualificação para o trabalho, assegurando-se-lhes:
> I - igualdade de condições para o acesso e permanência na escola;
> ...
> Parágrafo único. É direito dos pais ou responsáveis ter ciência do processo pedagógico, bem como participar da definição das propostas educacionais. (Lei n. 8.069, 1990)

O PDI ou PEI deve ter como referência o currículo regular e a proposta pedagógica da escola, de forma que não deve se afastar de tais diretrizes. As principais demandas que se apresentam à Defensoria Pública, no que se refere ao Plano de Desenvolvimento Individual, dizem respeito ao desconhecimento da família sobre a existência do referido documento, o que constitui violação ao direito à educação da pessoa com deficiência.

Tanto o aluno quanto sua família têm direito a ter ciência sobre seu processo educacional, seus objetivos, metas e métodos de avaliação.

Nesse diapasão, é possível a atuação extrajudicial da Defensoria Pública, no sentido de requisitar à escola o instrumento de PDI ou PEI, conforme autorizam os incisos IX e XIII do artigo 74, da LC 65/2003, a fim de que o aluno e a família possam tomar ciência e exigir o seu cumprimento.

Outras demandas apresentadas pelos usuários da Defensoria Pública abordam avaliações diferenciadas (realizadas oralmente, com ledor ou em ambiente apartado, por exemplo), critérios de avaliação e nota, além de adaptações de atividades realizadas em sala de aula.

4.4. DO DIREITO À TERMINALIDADE ESPECÍFICA

A chamada Terminalidade Específica consiste na flexibilização do tempo de formação do aluno com deficiência e/ou necessidades educacionais especiais, a fim de que ele possa atingir o desenvolvimento escolar adequado. A flexibilização do tempo de formação do aluno com necessidades educacionais especiais tanto pode ocorrer através da aceleração (para alunos com superdotação, por exemplo), quanto através da terminalidade específica (para alunos com deficiência intelectual, por exemplo).

A Lei nº 13.146/15 dedica o Capítulo IV ao Direito à Educação do aluno com deficiência, estabelecendo que:

> Art. 27. A educação constitui direito da pessoa com deficiência, assegurados sistema educacional inclusivo em todos os níveis e aprendizado ao longo de toda a vida, de forma a alcançar o máximo desenvolvimento possível de seus talentos e habilidades físicas, sensoriais, intelectuais e sociais, segundo suas características, interesses e necessidades de aprendizagem. (Lei n. 13.146, 2015)

Observa-se que a LBI garante que o aprendizado deve ser estimulado de forma a alcançar o máximo desenvolvimento possível do aluno com deficiência. Com esse escopo, muitas vezes a terminalidade específica é a medida recomendada, mediante a retenção do aluno na série/grau já cursado anteriormente.

A Lei nº 9394/96 também estabelece de forma clara o direito à Terminalidade Específica. Transcrevemos:

> Art. 59. Os sistemas de ensino assegurarão aos educandos com deficiência, transtornos globais do desenvolvimento e altas habilidades ou superdotação: (Redação dada pela Lei nº 12.796, de 2013)
> (...)

> II - terminalidade específica para aqueles que não puderem atingir o nível exigido para a conclusão do ensino fundamental, em virtude de suas deficiências, e aceleração para concluir em menor tempo o programa escolar para os superdotados. (Lei n. 9.394, 1996)

Conforme já mencionado, o direito à educação da pessoa com deficiência compreende não só o acesso à escola, mas também a garantia de que o Poder Público e as escolas, públicas ou particulares, adotarão todas as medidas possíveis para a permanência desse aluno na escola.

O avanço automático na escolaridade e de acordo com a idade cronológica do aluno, preconizado pela rede pública municipal e estadual, é prejudicial ao aluno com deficiência, em especial aos alunos com deficiência intelectual.

Dessa forma, a Defensoria Pública também atua judicial e extrajudicialmente com o intuito de garantir que o aluno com deficiência alcance o máximo desenvolvimento possível na seara da educação, através de pedidos de retenção e consequente flexibilização do seu tempo de formação escolar.

5. CONCLUSÃO

A presença de alunos com deficiência nas escolas, principalmente na rede regular de ensino, vem aumentando a cada dia. Além disso, os alunos com deficiência estão também chegando às séries finais e faculdades. Dessa forma, multiplicam-se exponencialmente as demandas das pessoas com deficiência, seus familiares e profissionais da área da educação.

Com o avanço da medicina e das técnicas utilizadas pelas demais áreas de saúde, o diagnóstico e o estímulo precoces, bem como o avanço do conhecimento na área pedagógica, irão surgir ainda novas e diversas demandas. Portanto, é crucial que o ambiente escolar esteja preparado para receber e incluir estes alunos, proporcionando convívio e aprendizado adequados às suas condições e objetivando alcançar o máximo de seu desenvolvimento.

Embora a legislação seja farta e clara a respeito de diversos direitos e garantias na seara da educação da pessoa com deficiência, tais dispositivos são frequentemente violados ou desconsiderados no dia a dia escolar de tais alunos. Conforme exposto no presente artigo, a Defensoria Pública de Minas Gerais atua judicial e extrajudicialmente para garantir a efetivação do direito à educação das pessoas com deficiência.

REFERÊNCIAS

Araújo, L. A. D. (1997). *A proteção constitucional das pessoas portadoras de deficiência*. 2ª ed. Coordenadoria Nacional para Integração da Pessoa Portadora de Deficiência - CORDE.

Câmara, A. F. (2008). Legitimidade da Defensoria Pública para ajuizar ação civil pública: um possível primeiro pequeno passo em direção a uma grande reforma. In J. A. G. de Sousa (Coord.). *A Defensoria Pública e os Processos Coletivos: comemorando a Lei Federeal 11.448, de 15 de janeiro de 2007*. Lumen Juris.

Constituição da República Federativa do Brasil de 1988. (1988). http://www.planalto.gov.br/ccivil_03/Constituicao/Constituicao.htm

Costa, F. A. da. (2018). *A Defensoria Pública Como Instrumento de Inclusão Social das Pessoas com Deficiência*. Editora JC. https://www.editorajc.com.br/a-defensoria-publica-como-instrumento-de-inclusao-social-das-pessoas-com-deficiencia/

Costa, F. A. & Alves, J. L. M. (2018) *O Conceito Jurídico de Pessoa com Deficiência: o caso talía gonzales lluy versus equador*. Associação Nacional das Defensoras e Defensores Públicos – ANADEP. https://www.anadep.org.br/wtk/pagina/materia?id=38201

Decreto Legislativo n. 186 de 2008. (2008). Aprova o texto da Convenção sobre os Direitos das Pessoas com Deficiência e de seu Protocolo Facultativo, assinados em Nova Iorque, em 30 de março de 2007. http://www.planalto.gov.br/ccivil_03/CONGRESSO/DLG/DLG-186-2008.htm

Decreto n. 7.611, de 17 de novembro de 2011. (2011). Dispõe sobre a educação especial, o atendimento educacional especializado e dá outras providências. http://www.planalto.gov.br/ccivil_03/_Ato2011-2014/2011/Decreto/D7611.htm

Donizetti, E. & Malheiros, C. M. (2010). *Curso de Processo Coletivo*. Atlas.

Farias, C. C. de; C. S. Rogério & Pinto, R. B. (2018). *Estatuto da Pessoa com Deficiência Comentado Artigo por Artigo*. 3ª ed. JusPodivm,

Filho, E. S. G. (2016). *Defensoria pública e a tutela coletiva de direitos: teoria e prática*. JusPodivm.

Lei n. 8.069, de 13 de julho de 1990. (1990). Dispõe sobre o Estatuto da Criança e do Adolescente e dá outras providências. http://www.planalto.gov.br/ccivil_03/leis/l8069.htm

Lei n. 13.146, de 6 de julho de 2015. (2015). Institui a Lei Brasileira da Inclusão da Pessoa com Deficiência (Estatuto da Pessoa com Deficiência). http://www.planalto.gov.br/ccivil_03/_ato2015-2018/2015/lei/l13146.htm

Lei n. 9.394, de 20 de dezembro de 1996. (1996). Estabelece as diretrizes e bases da educação nacional. http://www.planalto.gov.br/ccivil_03/leis/l9394.htm

Lei 7.853, de 24 de outubro de 1989. (1989). Dispõe sobre o apoio às pessoas portadoras de deficiência, sua integração social, sobre a Coordenadoria Nacional para Integração da Pessoa Portadora de Deficiência - Corde, institui a tutela jurisdicional de interesses coletivos ou difusos dessas pessoas, disciplina a atuação do Ministério Público, define crimes, e dá outras providências. http://www.planalto.gov.br/ccivil_03/leis/L7853.htm

Minas Gerais. (2003). Lei Complementar 65, de 16 de janeiro de 2003. https://www.almg.gov.br/consulte/legislacao/completa/completa-nova-min.html?tipo=LCP&num=65&ano=2003

Organização Mundial da Saúde (2002). Toward a common language for fuction, disability and health: international classification of functioning, disability and health (ICF). Organização Mundial da Saúde.

Rê, A. I. M. (2014). *Manual do Defensor Público: teoria e prática*. 1ª ed. Juspdivm.

DIREITO À INCLUSÃO ESCOLAR: UMA PERSPECTIVA DE DEFESA PELO MINISTÉRIO PÚBLICO

Carla Maria Alessi Lafetá de Carvalho
Mariana de Paula Alves

"O caleidoscópio precisa de todos os pedaços que o compõem. Quando se retiram pedaços dele, o desenho se torna menos complexo, menos rico.

As crianças se desenvolvem, aprendem e evoluem melhor em um ambiente rico e variado".

Marsha Forest

1. MARCOS NORMATIVOS DE DEFESA DA EDUCAÇÃO DA PESSOA COM DEFICIÊNCIA: BREVES CONSIDERAÇÕES

A Constituição de 1988 consagrou a cidadania e a dignidade da pessoa humana, dentre outros, como fundamentos da República Federativa do Brasil, contexto político em que o direito à educação deve ser compreendido como protagonista, por se tratar de instrumento indispensável ao pleno desenvolvimento das potencialidades do sujeito e, também, lugar de preparo para o exercício da cidadania. Na literalidade do texto constitucional, temos:

> Art. 205. A educação, *direito de todos* e dever do Estado e da família, será promovida e incentivada com a colaboração da sociedade, visando ao *pleno desenvolvimento da pessoa*, seu preparo para o *exercício da cidadania* [ênfase adicionada] e sua qualificação para o trabalho. (Constituição da República Federativa do Brasil, 1988)

Ponto importante a ser destacado do dispositivo acima diz respeito à indiferenciação dos sujeitos destinatários do direito à educação: todas as pessoas, com ou sem deficiência, têm direito à educação. Além da importância da inserção do direito à educação no elenco dos direitos sociais, a Constituição da República de 1988 inovou, acertadamente, ao estabelecer os princípios que devem reger o ensino. A propósito, a igualdade de condições para o acesso e permanência na escola é, ao lado de outros, um importante princípio constitucional com base no qual o ensino será ministrado.

Ainda em sede constitucional, especificamente em relação às pessoas com deficiência, podemos destacar o dispositivo que confere garantia de "atendimento educacional especializado aos portadores de deficiência, preferencialmente na rede regular de ensino"; e a garantia de acesso "aos níveis mais elevados do ensino, da pesquisa e da criação artística, segundo a capacidade de cada um" (Constituição da República Federativa do Brasil, 1988).

Após a promulgação da Constituição da República de 1988, considera-se que o grande marco internacional responsável pelo diferencial com relação à proteção das pessoas com deficiência é a Convenção sobre os Direitos das Pessoas com Deficiência, norma que se integra ao ordenamento jurídico nacional com *status* de emenda constitucional por meio do Decreto Legislativo n° 186/2008 e do Decreto n° 6.949/2009. Na Convenção, o direito à educação está previsto no artigo 24, que prevê o dever dos Estados Partes de assegurarem um sistema educacional inclusivo em todos os níveis, bem como o aprendizado ao longo de toda a vida, sem discriminações.

Em âmbito infraconstitucional, a Lei de Diretrizes e Bases da Educação Nacional (LDB) incorpora as diretrizes constitucionais, reafirmando a garantia do direito à educação da pessoa com deficiência. Anos após a promulgação da LDB, o direito ao atendimento educacional especializado gratuito, previsto no art. 4°, inc. III, foi ampliado para favorecer, além das pessoas com deficiência, aquelas com transtornos globais do desenvolvimento e altas habilidades ou superdotação, sendo esse atendimento transversal a todos os níveis, etapas e modalidades de ensino. Esse atendimento inclui os instrumentos necessários à eliminação das barreiras como, por exemplo, o ensino da Língua Brasileira de Sinais (Libras); a utilização e o ensino do Braille; o oferecimento e a utilização de auxílio tecnológico, incluindo a informática adaptada; além da disponibilização da comunicação alternativa/aumentativa e de tecnologias assistivas.

Com a promulgação da Lei n° 13.146/2015 (Estatuto da Pessoa com Deficiência), o direito à educação das pessoas com deficiência recebe notável reforço normativo. Ao reafirmar o direito à educação desse grupo populacional, a lei busca caracterizar o sistema educacional como inclusivo, destinado a promover o aprendizado das pessoas com deficiência, com vistas ao alcance dos níveis máximos de desenvolvimento possível de seus talentos e habilidades, em conformidade com características, interesses e necessidades de aprendizagem (art. 27). Ainda no que se refere ao direito à educação da pessoa com deficiência, uma das grandes inovações trazida pelo Estatuto está no art. 28, §1°, dispositivo que prevê a vedação da "cobrança de valores adicionais de qualquer natureza em suas mensalidades, anuidades e matrículas no cumprimento dessas determinações". No mesmo sentido, o Estatuto altera trechos da Lei nº 7.853/1989, que passa a considerar crime punível com reclusão de 2 (dois) a 5 (cinco) anos e multa a conduta de "recusar, cobrar valores adicionais, suspender, procrastinar, cancelar ou fazer cessar inscrição de aluno em estabelecimento de ensino de qualquer curso ou grau, *público ou privado*, em razão de sua deficiência (art. 8º, § 1º da Lei nº 7.853/1989, alterada pela Lei n° 13.146/2015)."

Do exposto, compreende-se como sistema educacional inclusivo aquele capaz não apenas de receber pessoas com deficiência, mas também de mantê-las em um ambiente escolar que forneça atendimento adequado às necessidades educacionais individuais, sem prejuízo da convivência escolar com outros alunos sem deficiências. Não basta conceber a inclusão somente como expressão do princípio da igualdade formal. Concordamos com Ela Wiecko V. de Castilho, ao apontar que "a inclusão significa, antes de tudo, 'deixar de excluir'. Pressupõe que todos fazem parte de uma mesma comunidade e não de grupos distintos. Assim, para 'deixar de excluir' a *inclusão* exige que o Poder Público e a sociedade em geral ofereçam as condições necessárias para *todos*" (Castilho, 2009).

2. O MINISTÉRIO PÚBLICO NA DEFESA DO DIREITO À EDUCAÇÃO DAS PESSOAS COM DEFICIÊNCIA

A atuação dos órgãos de execução do Ministério Público deve estar situada no espectro jurídico-político delineado pela Constituição da República de 1988, marco inaugural de um Estado Democrático de Direito que se ampara, dentre outros fundamentos, na cidadania e na dignidade de *todas as pessoas*; ressalte-se: sem distinção de qualquer natureza. Como instituição essencial à função jurisdicional do Estado, compete ao Ministério Público o dever de defender o regime democrático, o qual se alicerça na efetivação dos direitos fundamentais, aí incluído, com protagonismo, o direito social à educação, *direito de todos* e dever do Estado e da família.

A considerar a igualdade e a diferença como princípios essenciais do Estado Democrático de Direito, o paradigma da inclusão é marcadamente de cunho democrático, na medida em que exige que toda a diversidade, a riqueza da pluralidade, seja reconhecida e valorizada, fomentando-se relações pautadas na solidariedade e cooperação, o que contribui para a construção de uma sociedade mais "pluralista e sem preconceitos", "livre, justa e solidária", estes últimos expressos como objetivos fundamentais da República Federativa do Brasil.

Para dar corporeidade às atribuições do Ministério Público, a CRFB/88, seguida da legislação infraconstitucional, prevê um elenco de instrumentos jurídicos considerados indispensáveis à atuação na defesa dos interesses coletivos da sociedade e no zelo pela observância dos direitos constitucionais por parte dos poderes públicos e serviços de relevância pública. Significa dizer que o Ministério Público dispõe de importantes ferramentas jurídicas, processuais e extraprocessuais, capazes de enfrentar, especialmente em âmbito coletivo, a assimetria ainda persistente entre normas que asseguram um sistema educacional inclusivo e o cenário de discriminação e violações de direitos que ainda assola as pessoas com deficiência.

Como dito, a utilização desses instrumentos varia do campo judicial ao extrajudicial, capitaneando possibilidades de atuação em diversas esferas do poder Executivo, Legislativo e Judiciário, além de outros espaços multifacetados de discussão. Isso confere ao Ministério Público uma singularidade de trânsito não identificada na maioria das instituições públicas brasileiras, intersetorialidade esta que favorece, sobretudo, o desenvolvimento da vertente positiva-promocional de atuação.

Nesse sentido, pautados nos princípios, fundamentos e objetivos previstos no texto constitucional, entendemos que os órgãos de execução com atribuições na esfera de defesa da educação devem atuar não apenas como atores e/ou fiscalizadores de processos judiciais, mas ir além e atuar, também, como membros de uma instituição com potencial para transitar por espaços multifacetados dentro e fora do sistema de Justiça. Outrossim, independentemente da esfera de atuação, se judicial ou extrajudicial, certo é que esses promotores e promotoras de Justiça devem se orientar pela defesa de uma educação fundada em relações participativas, igualitárias e inclusivas.

Importa consignar que, notadamente no que se refere aos conflitos que perpassam o ambiente escolar, nem sempre a sua judicialização – e a consequente imposição de uma solução por meio de ordem judicial – costuma ser o melhor caminho. Exceto quando os fatos configurarem prática, em tese, criminosa, como, por exemplo, nos casos em que restar configurada a recusa, cobrança de valores adicionais, suspensão, procrastinação, cancelamento ou cessação da inscrição de aluno em estabelecimento de ensino de qualquer curso ou grau, público ou privado, em razão de sua deficiência, acreditamos que um dos papéis fundamentais reservados ao Ministério Público é o de funcionar como "canal de demandas sociais, a alargar o acesso à ordem jurídica justa" (Goulart, 1998, p. 97).

Na atual perspectiva constitucional de tutela dos interesses fundamentais coletivos, a atuação ministerial assume aspecto relevante, tanto no campo preventivo como no reparatório. É nesse contexto que a resolutividade pressupõe maior contato com a realidade temática, por meio da escuta, do diálogo e do acompanhamento das pautas construídas em distintos espaços de discussão. Daí porque a atuação do Ministério Público só será resolutiva se pressupuser a aproximação e o respeito às pautas construídas em conjunto pelos organismos, entidades e espaços de discussão temática correlatos.

No campo da defesa do direito à educação da pessoa com deficiência, importa uma atuação ministerial que não apenas defenda o acesso à justiça, mas que também reconheça e fortaleça a participação e o controle sociais, respeitando a máximo do "Nada Sobre Nós, Sem Nós" e "exigindo dos Poderes públicos o respeito aos instrumentos democráticos e procedimentais já instituídos nesse sentido, como os grêmios e organizações estudantis, os conselhos escolares e os conselhos de Educação, bem como os fóruns e as conferências de Educação instituídos na Lei do PNE" (Cruz & Monteiro, 2017, p. 15).

Esse alerta não significa que o Ministério Público não deva se valer do acesso ao Poder Judiciário para pleitear a plena materialização do direito à educação das pessoas com deficiência. Inclusive, quando esgotadas as possibilidades de atuação extrajudicial, a omissão ou ineficiência do poder público poderá ensejar a judicialização do conflito, judicialização que também será inevitável diante dos casos em que restar configurada prática discriminatória que constitua crime. Não obstante o protagonismo que temos dado à atuação resolutiva, não se refuta, tratando-se da tutela coletiva judicial, que a ação civil pública representa, ainda hoje, o principal instrumento que tem permitido ao Ministério Público pleitear que obrigações legais do Estado ou de particulares se tornem direitos e serviços para os cidadãos.

3. GARANTIA DO DIREITO À EDUCAÇÃO ESPECIAL: ATUAÇÃO DA 25ª PROMOTORIA DE JUSTIÇA DE BELO HORIZONTE

Desde uma perspectiva coletiva de defesa da educação especial, pauta de notória relevância para a defesa do próprio regime democrático, a resolutividade pressupõe maior contato com a realidade da gestão pública e, também, da comunidade escolar, por meio da abertura ao diálogo e do acompanhamento próximo das discussões entabuladas por esses agentes. Com base nessa premissa, acreditamos que o protagonismo no processo de concretização de direitos das pessoas com deficiência deve ser dos legisladores e gestores públicos, como também dos demais segmentos populares engajados na defesa dessa causa; e não do sistema de Justiça.

Na missão de defender o regime democrático, os interesses sociais e individuais indisponíveis, o MPMG, por meio do PGA Finalístico (2018/2019), estabeleceu como um dos seus objetivos estratégicos "incentivar a atuação ministerial junto aos sistemas municipais de ensino visando à melhoria da capacidade técnica das gestões de educação no tocante à análise e atendimento dos casos de inclusão de alunos com deficiência na rede regular de ensino" (Minas Gerais, p. 128). No mesmo sentido, entre os objetivos previstos no Planejamento Estratégico Nacional do Conselho Nacional do Ministério Público (2011/2019), está o de assegurar o respeito aos direitos da criança e do adolescente e da pessoa com deficiência.

Em Belo Horizonte, a 25ª Promotoria de Justiça de Defesa da Educação, ainda recente no âmbito do MPMG, tem procurado atuar resolutivamente nas demandas apresentadas por alunos com deficiência e seus familiares, o que significa uma busca constante por soluções mais dialógicas, céleres, implementáveis e capazes de satisfazer adequadamente as legítimas expectativas dos titulares dos direitos envolvidos.

Isso significa que, em primeiro lugar, privilegiamos uma atuação que não se limita ao gabinete e/ou sala de audiência, sem que isso signifique afirmar que a atuação na seara judicial não tenha sua importância. Com efeito, entendemos que estratégias resolutivas capazes de não apenas fiscalizar e punir, mas também escutar, entender, participar e fomentar a expansão e o aprimoramento das políticas públicas correlatas, são imprescindíveis.

Nesse sentido, a 25ª Promotoria de Justiça, com o valoroso apoio da Coordenadoria Estadual de Defesa da Educação do Ministério Público de Minas Gerais (PROEDUC/MPMG), tem se valido de mecanismos resolutivos de atuação, como por exemplo: realização de visitas técnicas em escolas regulares e em escolas especiais ainda em funcionamento no município; participação em reuniões com gestores públicos, Defensoria Pública, grupos de pais de pessoas com deficiência, profissionais da educação e de áreas diversas da saúde; participação em grupos de trabalho, audiências públicas, fóruns, ações educativas, além de manter um diálogo permanente com comunidades escolares diversas.

O primeiro passo dessa atuação constitui ato formalmente importante que foi a instauração de um Procedimento Administrativo que visa acompanhar e fiscalizar, de forma continuada, as políticas públicas de educação inclusiva no Estado de Minas Gerais, procedimento extrajudicial no bojo do qual, além da expedição de ofícios e requisições, tem sido possível registrar, através da juntada de documentos, a atuação resolutiva da 25ª Promotoria de Justiça (PJDE) na defesa do direito à educação das pessoas com deficiência.

Outra providência importante é ir a campo. Além de frequentes visitas a escolas regulares da rede pública de ensino, desde novembro 2017, foram realizadas diversas visitas em Escolas Especiais em funcionamento na capital, com o objetivo de conhecer as condições de infraestrutura e funcionamento dessas escolas. Dentre os procedimentos técnicos adotados durante as visitas, destacam-se: (a) entrevista com a Direção – ou Vice-direção e/ou Coordenação – da Escola; (b) interação com estudantes; e (c) visita às instalações físicas do estabelecimento de ensino. Após as visitas, são confeccionados relatórios contendo análise técnica da visita, além de anexo com registros fotográficos das instalações.

Além da tutela coletiva, já numa perspectiva mais voltada à tutela individual do direito a uma educação inclusiva, a 25ª PJDE/BH realiza, cotidianamente, atendimento ao público, momento que tem sido oportuno ao desempenho do papel de orientação jurídica. Nesses atendimentos, o cidadão é recebido por um servidor do Ministério Público, que registra a oitiva/demanda no Sistema de Registro Único do Ministério Público (SRU/MPMG) e ministra orientações presenciais sobre os direitos da pessoa com deficiência, dinâmica que acontece sob a supervisão do órgão de execução titular da Promotoria de Justiça. Após análise individual de cada caso e deliberação pelo órgão de execução, um procedimento extrajudicial é instaurado e as medidas pertinentes são adotadas, administrativamente, em seu curso. Consideramos que os atendimentos realizados, cotidianamente, ao público que aporta na 25ª PJDE/BH são de fundamental importância, notadamente nos casos em que a família do aluno insiste em estratégias de inclusão que estariam, em tese, sendo negadas pela rede de ensino.

4. CONCLUSÃO

Partimos da premissa de que a atuação ministerial em defesa da educação da pessoa com deficiência não se dará, de forma eficiente, apenas com a atuação isolada no gabinete e/ou limitada ao espaço forense. Há transformações sociais que só serão alcançadas a partir de um elemento nuclear, que é a capacidade dialógica das instituições – seja para dialogar com outras instituições, seja para dialogar com as pessoas que compõem a comunidade escolar.

Cumpre, assim, direcionar o debate no sentido de buscar alternativas à crescente judicialização dos conflitos envolvendo o direito à educação, razão pela qual compreender a realidade fática e as diretrizes normativas que disciplinam as relações, especialmente no que tange às especificidades das pessoas com deficiência, heterogêneas do cotidiano escolar às políticas públicas, são pontos centrais em qualquer debate sobre o tema.

Considera-se que a implementação de um sistema educacional efetivamente inclusivo não pode ser protagonizada pelo sistema de Justiça. Esse desafio, cuja solução é imprescindível ao alcance de um verdadeiro Estado Democrático de Direito, exige o comprometimento dos vários atores sociais, do conjunto do governo, da energia criativa da sociedade civil, dos estudos e pesquisas conduzidos pela academia e de todos que compõem a comunidade escolar, reservando-se ao Poder Judiciário a nota da excepcionalidade.

Nessa conjuntura, defendemos que a atuação do Ministério Público, como agente de transformação social, deve transcender a função de parte processual e alcançar, de modo progressivo, o papel de articulador, figurando como importante "canal de demandas sociais, a alargar o acesso à ordem jurídica justa" (Goulart, 1998, p. 97).

No desempenho dessa missão, entendemos que cabe ao Ministério Público qualificar e incrementar sua atuação – sobretudo extrajudicial – no sentido de fazer com que se transforme em realidade a legítima expectativa de acesso e permanência de todas as pessoas na escola, sem distinção de qualquer espécie, seja de raça, cor, sexo, religião, etnia, origem nacional ou social, riqueza, nascimento, ou qualquer outra condição relacionada a características físicas ou mentais.

Deve o Ministério Público, em nossa perspectiva, facilitar o diálogo e buscar estimular a participação – não apenas dos próprios agentes públicos, mas também dos diversos segmentos da sociedade – em debates e vivências que permitam uma melhor compreensão do fenômeno da discriminação contra pessoas com deficiência, do cotidiano às políticas educacionais.

Nossa experiência, ainda que incipiente, vem mostrando que pode haver um caminho melhor, que as relações que atravessam o Ministério Público não precisam ser pautadas, necessariamente, pela litigância judicial; e que novas formas de proceder institucionalmente podem beneficiar as pessoas com deficiência, suas famílias, e, em última análise, toda a sociedade. Entendemos que esse caminho é o da resolutividade, ou seja, o caminho da aproximação, do conhecimento e do diálogo.

REFERÊNCIAS

Castilho, E. W. V. de. (2009). O papel da escola para a educação inclusiva. In R. Livianu (Coord.). *Justiça, cidadania e democracia*. (pp. 108-119). Centro Edelstein de Pesquisa Social.

Constituição da República Federativa do Brasil. (1988). http://www.planalto.gov.br/ccivil_03/Constituicao/Constituicao.htm

Cruz, P. & Monteiro, L. (2017). *Apresentação: Reflexões sobre Justiça e Educação*. Moderna.

Goulart, M. (1998). *Ministério Público e democracia: teoria e práxis*. Editora de Direito.

Mantoan, M. T. E. (2003). *Inclusão Escolar: O que é? Por que? Como fazer?* Moderna.

Minas Gerais. (2018). PGA: Plano Geral de Atuação Finalístico: 2018-2019. Ministério Público do Estado de Minas Gerais. Coordenadoria de Planejamento Institucional.

Piovesan, F. (2005) Ações afirmativas da perspectiva dos Direitos Humanos. *Cadernos de Pesquisa, 35*(124), 43-55.

O ACESSO AO DIREITO À EDUCAÇÃO PELA PESSOA COM DEFICIÊNCIA: PERSPECTIVA JUDICIÁRIA

Bruno Terra Dias
Carolina Machado Durães

1. ASPECTOS HISTÓRICOS

A educação é um direito recente, a despeito da integração do seu discurso no cotidiano há décadas. No decurso de uma vida, o próprio conceito assumiu contornos outrora impensáveis. A leitura de obras clássicas facilmente engana o desavisado, que pode ser levado a imaginar que em outros países, especificamente no que se convencionou denominar, discriminatoriamente, de "primeiro mundo", a educação seja um direito já longevo, cuja origem se perde nos milênios. Não é bem assim. Considerando a ocidentalidade e culturas de sua influência, mesmo um estudo superficial do tema é suficiente para informar que a educação somente foi massificada, efetivamente ou nos limites do discurso político, entre o final do século XIX e a primeira metade do século XX. Uma longa e milenar caminhada houve, não sem percalços de toda ordem.

Se o tema geral da educação já é sujeito a dificuldades de toda ordem, ao se referir a pessoas com deficiência a questão é ainda mais recente e está muito distante de alcançar foros de generalidade em nosso país e no mundo. Uma ligeira incursão no mundo greco-romano, o que havia de mais sofisticado no tempo respectivo pode ser convincente. Werner Jaeger dedica sua consagrada obra à compreensão do fenômeno grego na antiguidade, havendo múltiplos tópicos referentes a educação, mas não a alguma pretensão de educação massificada, mas sempre em um sentido elitizado, fora do alcance da imensa maioria numérica, uma vez que a educação, no sentido de formação de cultura superior, é notadamente um termo de vocação aristocrática. Aquilo a que denominamos de virtude, o conceito mais próximo da areté, desde os primórdios helênicos, sempre foi decorrido como atributo da nobreza aristocrática, afastado dos homens comuns e dos escravos.

Tanto em Homero como nos séculos posteriores, o conceito de areté é frequentemente usado no seu sentido mais amplo, isto é, não só para designar a excelência humana, como também a superioridade de seres não humanos: a força dos deuses ou a coragem e rapidez dos cavalos de raça. Ao contrário, o homem comum não tem areté e, se o escravo descende por acaso de uma família de alta estirpe, Zeus tira-lhe metade da areté e ele deixa de ser quem era antes. A areté é o atributo próprio de nobreza. Os gregos sempre consideraram a destreza e a força incomuns como base indiscutível de qualquer posição dominante. Senhorio e areté estavam inseparavelmente unidos.

Habilidades de nobreza e dominância, portanto, aristocráticas. Algo que distingue, não está ao alcance de todos. Ao homem comum, apenas o necessário a cumprir o que Hesíodo poeticamente revela em Os Trabalhos e os Dias. Assim é que se extrai da obra que o estulto, ao contrário do sábio, só compreende por consequência dos próprios atos, nunca por antecipação ou por observação, quando aborda, logo a partir do verso 42, o Mito de Prometeu e Pandora, comparando a inteligência de Prometeu à de seu irmão, Epimeteu, cuja escassa compreensão o leva a aceitar Pandora como presente de Zeus, causando tantos males à humanidade. A educação, tal como compreendida hoje, envolvendo habilidades de leitura e escrita, era para poucos, bem poucos.

O mundo romano, cujo poeta maior foi Públio Virgílio Maro, ou, simplesmente, Virgílio, igualmente tinha nas habilidades que denominamos educação um diferencial, até mesmo para criar poeticamente a epopeia da origem mítica do povo romano, traduzindo a elegância da erudição e firmando o grande poeta como referência universal para a compreensão do que se tornou, muitos séculos após, a Europa. Já nos primeiros versos da Eneida, assim é.

A decadência do Império Romano e o advento da Idade Média implicaram isolamento de povos que, a despeito da geral comunicação em latim, mantiveram resquícios de suas línguas de substrato, constituindo por essa situação as línguas românicas, com todas as peculiaridades do evento. O latim superposto às línguas de substrato era o falado, com todos os matizes decorrentes, nada de sofisticações próprias de uma linguagem literária, sendo as atuais línguas de origem latina descendentes dessa língua vulgar.

O grande vulto da Idade Média, já nos limites aproximativos da Renascença, representativo do melhor em estudos, dedicação e resultados, inaugurando a língua propriamente literária italiana, foi Dante Alighieri. Sua erudição é indiscutível, maior intelectual de sua época, distinto do homem comum, que ainda não havia alcançado as letras. O ideal grego de nobreza aristocrática, muito distinta da condição da imensa maioria. Sua obra é monumental e alcança amplitudes como política, filosofia, religião e filologia. A educação não é um direito e o acesso é extremamente restrito. Na estrutura do pensamento medieval, a inadmissão da contradição e a linearidade do tempo pontificam com a escolástica, ser e não ser simultaneamente é impossível, o ocorrido não pode não ter ocorrido, causa e efeito não podem inverter posições, do que se extrai que a posição de cada qual na sociedade é definida e não pode ser alterada, senão por vontade divina. O povo, deseducado, assim deve permanecer, pois esse é o seu lugar; para ser diferente, somente por vontade de Deus.

Já no século XVI, João da Cruz escreveu o belíssimo poema *Noite Escura*, dedicado ao encontro de Deus, mas que também, como expressão da inexauribilidade da verdade, pode ser interpretado como elevação pelo estudo, pela devoção, pela leitura, pela educação do homem e do espírito. Um verso merece destaque: "*Oh noche amable mas que el alborada*". Se a noite é a busca, a educação está em seu contexto e o caminho para Deus é exigente de uma educação ainda fora do alcance da maioria. No entanto, já é indicativo da necessidade de se estender a todos, de se massificar uma educação que nos eleve à dignidade de sermos recebidos pelo Criador; até que alcancemos essa condição, a noite é o caminho a superar a educação a atingir.

Nas andanças da educação, chega-se ao século XIX com primeiras considerações à pessoa com deficiência em três prismas propostos por Foucault sob a rubrica "*Anomalie*": o monstro, o indivíduo a corrigir e a pessoa masturbadora. Afastadas do convívio social, brutalizadas, postas a correções mecânicas, pessoas que poderiam ser integradas pacífica e produtivamente, ser fonte de alegria e realizações, foram postas à margem e levadas a extremos que ninguém que pudesse habitar o conceito de "normal" resistiria. Sob rotulagem de medicalização e educação, produziu-se a mais escancarada agressão. O discurso constante do vocabulário foucaultiano merece parcial transcrição:

> O indivíduo "anormal", do qual, desde o final do século XIX, tantas instituições, discursos e saberes se encarregaram, deriva tanto da exceção jurídico-natural do monstro, da multidão de incorrigíveis dos institutos de correção, quanto do universal segredo das sexualidades infantis. Na verdade, as três figuras do monstro, do incorrigível e do onanista não vão exatamente se confundir. Cada uma se inscreverá em sistemas autônomos de referência

> científica. ... a construção de uma teoria geral da degeneração que, baseando-se no livro de Morel ... vai servir, durante mais de meio século, ao mesmo tempo, de marco teórico e de justificação social e moral, para todas as técnicas de localização, de classificação e de intervenção sobre os anormais; a organização de uma rede institucional complexa que, nos confinamentos da medicina e da justiça, serve tanto de estrutura de "recepção" dos anormais como de instrumento para a "defesa" da sociedade; finalmente, o movimento pelo qual o elemento que aparece mais recentemente na história (o problema da sexualidade infantil) vai recobrir os outros dois, para converter-se, no século XIX, no princípio de explicação mais fecundo de todas as anomalias. (Castro, 2009, p. 32)

A teoria da degeneração, com tantas repercussões de exclusão, foi mais um instrumento de época, manejado pela ciência, para identificar, classificar, apreender, afastar e tratar portadores das mais diversas "perversões", tidas como hereditárias, servindo de discurso político, até universalizar-se como uma espécie de "saber" adotado por todas as correntes políticas:

> ... A teoria da degeneração permitiu vincular a noção de perversão com a herança. O conjunto perversão-herança-degeneração constituiu o núcleo mais sólido das novas tecnologias do sexo. ... A degeneração, enquanto princípio de enfermidades ao nível do indivíduo e da população, serviu como ponto de articulação de mecanismos disciplinares e mecanismos reguladores. ... A noção de degeneração faz referência a um elemento patológico, involutivo no nível da espécie, das gerações. ... A psicanálise rompeu com o sistema da degeneração, retomou o projeto de uma medicina do instinto sexual, mas liberada de suas correlações com a noção de herança e, portanto, de todo racismo ou eugenismo. ... A novidade do século XIX foi o aparecimento de uma biologia do tipo racista centrada em torno da noção de degeneração. O racismo não foi, em primeiro lugar, uma ideologia política, mas científica. Sua utilização política foi levada a cabo primeiro pelos socialistas, por gente de esquerda, antes que por gente de direita. ... A noção de degeneração permite isolar, recortar uma zona de perigo social e dar-lhe, ao mesmo tempo, o estatuto de enfermidade. (Castro, 2009, pp. 32-34)

A triste constatação, até a virada do século XIX para o século XX, é que, por todos os ângulos que se procure encarar a questão educacional e o favor do portador de deficiência, houve apenas barreiras, nenhuma chance verdadeira. A história da humanidade, nesse aspecto, com o recorte da civilização ocidental e seus rebentos, é um desastre cuja correção só encontrou alguma luz no período subsequente à II Guerra Mundial e ao surgimento da ONU, com sua Declaração Universal dos Direitos Humanos e uma série de documentos internacionais posteriores, inaugurando uma época de oportunidades jamais vislumbrada pela maioria da população mundial e, muito especialmente, para pessoas com deficiência.

2. ACESSIBILIDADE E EDUCAÇÃO DA PESSOA COM DEFICIÊNCIA

No Estado Democrático de Direito, a acessibilidade e a inclusão surgem como um conjunto de medidas apto a eliminar barreiras sociais e garantir o mínimo de dignidade aos indivíduos. O que se busca é uma igualdade material (tratar os desiguais de maneira desigual como forma de igualá-los), pois, numa sociedade plural, a educação deve ser garantida a todos como forma de propiciar a formação necessária ao desenvolvimento das aptidões e potencialidades de cada ser.

Para entender a necessidade de atuação do Estado para inclusão social das pessoas com deficiência é necessário, primeiramente, entender a exclusão. A deficiência, por si só, não implica em exclusão, tendo em vista que a pessoa pode ser excluída do grupo social, mas incluída em algum grupo, mesmo que marginal. Assim, a escola é um espaço de grande importância na vida social, pois permite a convivência dos indivíduos em comunidade e estimula a conviver com as diferenças, buscando uma educação inclusiva.

Historicamente as pessoas com deficiência foram vistas como diferentes, limitadas, incapazes, inaptas e foram segregadas do convívio e da participação da vida em sociedade. A deficiência foi tida como um "castigo divino", algo sobrenatural, e seus portadores foram considerados seres amaldiçoados, sendo escondidos por suas famílias sem qualquer possibilidade de desenvolver sua inteligência e suas capacidades. A educação não existia para as pessoas que nasciam com deficiência, fosse ela física ou mental e a inclusão estava ligada à ideia de caridade e assistencialismo. Constantemente esses indivíduos eram abandonos em abrigos ou hospícios. Outras vezes buscava-se amparar essas "pessoas desfavorecidas", mas nada se fazia para capacitá-las a sobreviver sem auxílio.

Séculos se passaram até que certas deficiências começassem a ser tratadas como doença e começassem a surgir instituições especializadas, possibilitando a educação de pessoas cegas e surdas, por exemplo, e propiciando a comunicação destes com o mundo a sua volta. No entanto, o isolamento desses indivíduos em relação à comunidade persistiu, pois, essa assistência se resumia em separar quem fosse diferente sob o argumento de que lhe seria dado tratamento especializado.

Naquele contexto social, o acesso à educação ainda era restrito para a maioria da população no Brasil, mesmo aos que não tinham qualquer deficiência (como mulheres, pobres, pessoas que viviam em áreas rurais). Apenas no século XX se inicia no Brasil a assistência às crianças excepcionais, consideradas inferiores por não poderem se adaptar ao meio social e possuírem limitação física, intelectual, sensorial, comportamental.

O surgimento das APAES (Associação de Pais e Amigos dos Excepcionais), em 1954, trouxe grande progresso na qualidade de vida das pessoas deficientes, buscando suprir a omissão estatal. No entanto, o modelo das "escolas especiais" também se mostrou falho ou insuficiente para garantir a inclusão social desses indivíduos.

Kirk e Gallagher (como citado em Machado, 2013), afirmam que tal fato se deu porque a educação especial era um processo de exclusão mascarado de processo de recuperação, pois "muitas crianças foram erroneamente classificadas como retardadas mentais; as classes especiais mostraram poucos resultados benéficos; as classes especiais transformaram-se em classes para crianças problemáticas ao invés de serem centros de recuperação".

Percebeu-se, então, que a inclusão das pessoas com deficiência em espaços sociais a elas destinados também lhes trazia limitação, impossibilitando que convivessem com as diferenças, se comunicassem e integrassem a comunidade onde vivem, desenvolvendo efetivamente suas capacidades e aptidões, como cidadãos e seres de direito.

Mariangela Belfiore Wanderley (2011), ao tratar do tema, ensina que "os excluídos não são simplesmente rejeitados física, geográfica ou materialmente, não apenas do mercado e de suas trocas, mas, de todas as riquezas espirituais, seus valores não são reconhecidos, ou seja, há também uma exclusão cultural" (p. 18).

Portanto, o problema da pessoa com deficiência não estava sanado, pois este continuava necessitando de auxílio para a realização de tarefas e os modelos de educação buscavam igualar essas pessoas àquelas consideradas "normais", adequando-as aos padrões sociais aceitáveis.

Neste sentido, Celina Bartalotti ensina que:

> É preciso reafirmar que inclusão não se limita a acesso, não é uma simples questão de colocar junto. A garantia do direito de estar junto, de partilhar dos recursos e oportunidades que a sociedade oferece, é um passo essencial. Esse é o papel do legislador, elaborar leis que garantam que nenhum cidadão pode ser discriminado por conta da deficiência: a lei define que é crime impedir o acesso de pessoas com deficiência ao trabalho, à escola, ou a qualquer espaço social por conta de sua condição, utilizando-se do que se chama de discriminação positiva, ou seja, são propostas leis que, mais do que proibir a discriminação, garantem certa vantagem para parcelas da população que historicamente vêm sendo prejudicadas em seu acesso aos benefícios sociais: estão aí as chamadas leis de cotas sociais, por exemplo. (Bartalotti, 2006, p. 9)

O desenvolvimento social é dinâmico, mas para que uma sociedade possa ser tida por Estado Democrática de Direito, no qual direitos e garantias fundamentais internacionalmente protegidos são efetivados, é necessário possibilitar à pessoa com deficiência o exercício da cidadania.

Para tanto, não se busca apenas garantir direitos aos deficientes, retirando-os da posição segregada e da educação em classes especiais, mas deve-se afirmar a igualdade entre os indivíduos, garantindo respeito à diferença e acesso às mesmas oportunidades dos demais membros da sociedade, com ocupação dos mesmos espaços.

Ao tratar sobre práticas inovadoras para educação especial, Adriana Borges concluiu que:

> O acesso das crianças deficientes ao ensino regular foi um grande passo. Mas ao mesmo tempo, é necessário avaliar que a garantia do acesso à escola regular, por si só, não garante a qualidade do ensino para essas crianças. As conquistas recentes na Educação Inclusiva podem ser avaliadas a partir de uma leitura que leve em consideração a luta pelos direitos humanos e da criança que se inicia no século XX. (Borges, 2015, p. 30)

As ações de inclusão, no entanto, não se preocupam com a transformação da realidade social destes indivíduos. Ainda existe um espaço a ser ocupado e modernizado para que a convivência com a diversidade e o respeito por cada indivíduo seja natural e não necessite de uma atuação positiva do Estado ou de qualquer outra instituição.

As propostas inclusivas até então conhecidas podem se mostrar tão excludentes quanto a própria ausência de programa e inércia estatal. Isso porque não basta assegurar o pertencimento a algum espaço público; garantir direito fundamental à educação da pessoa com deficiência demanda um olhar diferenciado a esses indivíduos para que recebam todo suporte de desenvolvimento e todo espaço para que exerçam seus talentos. Segundo Bartalotti,

> é possível afirmar que o fato de alguém estar excluído de algum espaço significa, então, que não pertence a este, mas, com certeza, pertence a algum outro, no qual se inclui – quem está vivo está sempre incluído em algum lugar ou em alguma situação. A questão é que essas inclusões nem sempre são favoráveis ao desenvolvimento da pessoa... Uma criança com deficiência pode estar excluída da escola regular, e incluída em uma instituição de abrigo, na qual não recebe as oportunidades de aprendizagem às quais teria direito. (Bartalotti, 2006)

3. ASPECTOS LEGISLATIVOS E JUDICIAIS SOBRE O DIREITO À EDUCAÇÃO DA PESSOA COM DEFICIÊNCIA

No que tange às pessoas com deficiência, o direito internacional já demonstra grande preocupação. A Declaração Universal de Direitos Humanos, em seu artigo 26, garante a educação como forma de expansão da personalidade humana e reforço dos direitos e liberdades fundamentais (Organização das Nações Unidas [ONU], 1948).

Além disso, a convenção da ONU sobre os Direitos das Pessoas com Deficiência, que entrou em vigor no Brasil pelo Decreto n. 6949/2009, serve de diretriz a muitas legislações, auxiliando na interpretação dos artigos 5º, XXXV, 227, §1º, II e §2º e 244, todos da Constituição de 1988. A partir daí, tornam-se valores fundamentais constitucionais a independência e autonomia da pessoa, a não discriminação e o respeito pela diferença, a aceitação da pessoa com deficiência como integrante da sociedade, a igualdade de oportunidades e a acessibilidade.

Nos termos do art. 208, III, da Constituição (1988) é garantido atendimento educacional especializado aos portadores de deficiência, preferencialmente na rede regular de ensino. Nesse contexto, o direito brasileiro demonstra modernização, buscando a efetivação de direitos fundamentais por legislações que garantem o acesso das pessoas com deficiência aos direitos sociais, previstos no art. 6º da CR/88, como é o caso da educação.

A carta magna também dispõe, no seu art. 205, que a educação é "direito de todos e dever do Estado e da família, será promovida e incentivada com a colaboração da sociedade, visando ao pleno desenvolvimento da pessoa, seu preparo para o exercício da cidadania e sua qualificação para o trabalho", positivando a necessidade de desenvolvimento pleno do indivíduo, independente de qualquer deficiência física, mental ou intelectual.

A acessibilidade está positivada como direito fundamental, estando o princípio da igualdade presente no inciso I, do art. 206, da Constituição Federal, e a Emenda Constitucional n. 65/2010 dispôs sobre a necessidade de adequação da constituição à Convenção Internacional sobre os Direitos das Pessoas com Deficiência. Tal adequação já era presente na legislação infraconstitucional, como na Lei 10.436/2002 (sobre as libras) e Lei 10845/2004 (sobre atendimento complementar especializado às pessoas com deficiência) e refletiu na Lei 13.146/2015 (Estatuto da Pessoa com Deficiência).

No que tange ao direito à educação da pessoa com deficiência, a Lei Federal 9394/1996 (Lei de diretrizes e bases da educação (LDB) prevê a modalidade de educação especial e apoio para atendimento aos alunos com deficiência (art. 58, §1º), com uso de métodos, técnicas, recursos educativos, organização para atender às suas necessidades e professores com especialização adequada (art. 59).

Estes dispositivos deixam espaço para atuação e modernização dos métodos a serem aplicados e demonstram atenção às necessidades diferenciadas, mas devem ser aplicados conforme orientação constitucional, como forma de inclusão, para que não caia nos velhos erros de segregação e diferenciação. A humanidade é a pedra de toque.

Além disso, algumas leis complementam o regramento de forma a garantir a educação inclusiva, tais como às pessoas com deficiência, a Lei 10098/00, que prevê eliminação de barreiras arquitetônicas ou funcionais que impeçam o acesso, o Decreto Federal 5296/2004, que prevê a obrigatoriedade de os estabelecimentos de ensino permitir que pessoas com deficiência integrem seus quadros de alunos e a Lei 7853/89, que autoriza instituições privadas de educação a prestar serviço público.

Não se pode perder de vista o fato de que a inclusão de pessoas com deficiência em escolas regulares, sem preparo para tanto, acabam por desestimular o convívio. Portanto, além do importante papel do Poder Legislativo – de criar leis que assegurem direitos às pessoas com deficiências –, e do Poder Executivo – de elaborar e implementar políticas públicas de inclusão e acessibilidade –, o Poder Judiciário passa a ter papel de destaque, não apenas de controlador de legalidade e constitucionalidade dos atos dos demais poderes, mas de garantidor do cumprimento de direitos e garantias fundamentais estabelecidos.

Assim, o direito à educação da pessoa com deficiência envolve tanto o acesso físico (rampas, elevadores, banheiros adaptados), assegurado pelo art. 244 da CR/88, como também o atendimento por profissionais especializados (professores de braile, fonoaudiólogos, etc.) e o acesso à tecnologia que permita comunicação e aprendizado.

Nos termos do art. 5º, XXXV da CR/88, o Poder Judiciário tem o dever de conhecer as situações que causem lesão ou ameaça de lesão a direitos. Logo, a importância do Poder Judiciário se mostra nos casos de inefetividade desses direitos prestacionais, que acabam por ensejar a judicialização de questões relativas ao descumprimento de políticas públicas e de direitos assegurados por lei sobre a acessibilidade da pessoa com deficiência.

A Recomendação n. 27/2009 do Conselho Nacional de Justiça, que trata sobre a remoção de barreiras, amplo e irrestrito acesso das pessoas com deficiência e conscientização de servidores e jurisdicionados, e a Resolução n.230/2016 do CNJ, que orienta a adequação dos órgãos e serviços do Poder Judiciário à Convenção Internacional sobre os Direitos das Pessoas com Deficiência, demonstram uma mudança de perfil do Judiciário brasileiro para assegurar a efetividade de tais direitos.

Reflexo disso está na solução de demandas que visam a dignidade da pessoa com deficiência, já presentes na jurisprudência dos tribunais superiores (STF HC 140780, ADI 5357, ARE 1063828 AgR, RE 888815/RS, STJ AgInt no REsp 1652021) e dos tribunais estaduais (TJMG AC 1.0694.17.003055-5/002, AC 1.0231.11.015636/2/002, AC 1.0439.18.011476-1/002, TJDFT AC 1205719/19, AC1183198).

4. CONCLUSÃO

A busca por uma educação inclusiva, na qual se valoriza a pessoa ao invés da deficiência, é de fundamental importância para minimizar os obstáculos diários que inviabilizam a convivência social dessas pessoas, causando desigualdades no âmbito social.

Urgente se faz aprimorar os mecanismos de inclusão, possibilitando direito à educação como forma de exercício da cidadania e efetivação dos direitos fundamentais. O Poder Judiciário, diversamente do que historicamente se afere, passa a ter importante papel na criação de uma sociedade igualitária, na qual cada indivíduo pode desenvolver ao máximo suas aptidões, elemento básico de um Estado Democrático de Direitos.

REFERÊNCIAS

Auerbach, E. (2015). *Introdução aos Estudos Literários* (José P. P. José, Trad). (pp. 74-75). Cosac Naify.

Bartalotti, C. C. (2006). *Inclusão social das pessoas com deficiência: utopia ou possibilidade?* Paulus.

Borges, A. A. P. (2015). *De Anormais a Excepcionais: história de um conceito e de práticas inovadoras em educação especial*. (pp. 30-47). CRV.

Castro, E. (2009). *Vocabulário de Foucault: um percurso pelos seus temas, conceitos e autores* (M. X. Ingrid, Trad.; Veiga-Neto & O. K. Walter, Rev.). Autêntica Editora.

Constituição da República Federativa do Brasil. (1988). http://www.planalto.gov.br/ccivil_03/Constituicao/Constituicao.htm

Eco, H. (2010). *Arte e Beleza na Estética Medieval* (S. F. Mario, Trad.). (pp. 257-64). Record.

Hesíodo. (2019). *Os Trabalhos e os Dias* (Trad. Mary de Camargo Neves Lafer). 2ª ed. Iluminuras.

Jaeger, M. (2013). *Paideia: a formação do homem grego* (M. P. Arthur, Trad.; M. Stahel, Adapt. & C. C. de S. Gilson, Rev.). 6ª ed. Editora WMF Martins Fontes.

Pareyson, L. (2005). *Verdade e Interpretação* (H. N. G. Maria & N. A. Sandra, Trad.). 1ª ed. Martins Fontes.

Machado, E. P. (2013). *Educação Inclusiva e o Direito à Convivência Comunitária: Direitos das Pessoas com Deficiência e dos Idosos.* Del Rey.

Organização Das Nações Unidas. (1948). Declaração Universal dos Direitos Humanos. Aprovada pela Resolução 217 A (III) da Assembleia Geral. https://www.ohchr.org/EN/UDHR/Documents/UDHR_Translations/por.pdf

Virgílio. (2016). *Eneida.* (Carlos A. N. Carlos, Trad.). 2ª ed. Editora 34.

Wanderley, M. B. (2011). *Refletindo sobre a noção de exclusão - As artimanhas da exclusão: Análise psicossocial e ética da desigualdade social.* Vozes.

O PROFESSOR DE EDUCAÇÃO ESPECIAL E O PROFISSIONAL DE APOIO ESCOLAR: ALICERCES PARA INCLUSÃO ESCOLAR DE QUALIDADE

Luis Renato Braga Arêas Pinheiro

Ensinar
Ensinar é arte, é encanto, é ser parte, é ser tanto.
É construir laços, desembolar embaraços.
É acreditar, potencializar.
É recriar saberes, refazer dizeres.
É aprender, compreender e se surpreender.

1. INTRODUÇÃO

Quando nos referimos ao assunto da Educação Inclusiva, é esperado que o campo dos debates e divergências de opiniões seja amplo. Verifica-se interesses aparentemente contrapostos com visões próprias e por vezes dissociadas das demais, como a ótica da escola enquanto instituição, dos professores e da equipe de profissionais da escola, da equipe multidisciplinar que atende o aluno com deficiência, dos alunos com deficiência e dos alunos sem deficiência, da família do estudante com deficiência, da família do estudante que não tem deficiência, do Poder Público (Defensoria Pública, Ministério Público, Poder Judiciário, Poder Legislativo e Poder Executivo), etc.

No decorrer da minha atuação como defensor público e também no dia a dia como pai de uma criança com autismo já tive contato com vários argumentos dificultadores em relação à aplicação da Educação Inclusiva.

Neste momento é oportuno expor algumas óticas impeditivas para ao final termos uma compreensão clara dos caminhos para superá-las. Ressalta-se que não terei o compromisso de enumerar todas as dificuldades existentes, mas apenas um rol exemplificativo, uma vez que a depender da realidade de cada região do país podem aparecer obstáculos diferentes e, devido o limite de páginas deste artigo, mesmo com base em minhas experiências, torna-se inviável aprofundar nesse tema.

Muitas escolas públicas ou privadas, por exemplo, utilizam o argumento de que não estão preparadas para receberem os alunos com deficiência. Afirmam não possuírem professores qualificados e profissionais de apoio treinados, não terem acessibilidade física, tecnologia assistiva e materiais adaptados. Sustentam a inexistência de recursos financeiros suficientes para implementar com qualidade o modelo de educação inclusiva.

Os professores e profissionais da escola afirmam não terem recebido o ensinamento específico para educação inclusiva na Faculdade de Pedagogia e que não há treinamento fornecido pela escola. Reclamam da falta de apoio dos gestores da escola e da ausência de incentivos por parte do Poder Público e Privado para aplicação diária da inclusão.

Já as famílias dos alunos que não possuem deficiência muitas das vezes não entendem o conceito de inclusão e pressionam a escola ao argumento de que os alunos com deficiência atrasam o desenvolvimento da classe e que o lugar deles seriam a escola especial.

Dentre a minha formação como defensor público está a atuação como mediador de conflitos, sendo que já integrei a Câmara de Estudos de Métodos Adequados de Soluções de Conflitos e Atuação Extrajudicial da Defensoria Pública do Estado de Minas Gerais. Um dos preciosos ensinamentos que tive é exercitar a escuta ativa. Digo escuta, mas aplica-se também a posicionamentos escritos, no qual teremos que ter uma leitura ativa, utilizando-se o mesmo conceito.

A escuta ativa consiste na atenção plena no que é dito pela outra pessoa, sem ter uma análise rasa do que é expressado. É preciso entender as entrelinhas, a intenção, a preocupação e as pretensões de quem fala. Por vezes, através de uma fala agressiva e intransigente está um pedido de socorro, de atenção e de empatia.

Fiz essa pequena divagação para explicar que às vezes como pai de uma criança com autismo é difícil de escutar certas "justificativas" sem se deixar afetar pela indignação. No entanto, na minha função de defensor público é necessário que eu abandone, por vezes, o sentimento e exercite com todas as forças de minha alma a escuta ativa para entender a razão oculta de certas desculpas ou posicionamentos. É preciso desenvolver a empatia, ouvir o indesejado e trabalhar a conscientização da pessoa para que ela própria se convença e seja mais uma aliada para inclusão, ao invés de realizá-la por imposição ou obrigação legal.

A Educação Inclusiva é uma realidade. O modelo padrão da legislação é que alunos típicos e alunos com deficiência aprendam na mesma classe, no mesmo ambiente escolar. Este é o fundamento do artigo 27 da Lei Brasileira de Inclusão (Lei 13.146/2015), vejamos:

> Art. 27. A educação constitui direito da pessoa com deficiência, assegurados sistema educacional inclusivo em todos os níveis e aprendizado ao longo de toda a vida, de forma a alcançar o máximo desenvolvimento possível de seus talentos e habilidades físicas, sensoriais, intelectuais e sociais, segundo suas características, interesses e necessidades de aprendizagem. (Lei n. 13.146, 2015)

É vedado a quem quer que seja impedir que a pessoa com deficiência exerça seu legítimo direito à educação no sistema regular de ensino. Conforme a Lei Brasileira de Inclusão o Estado, a família, a comunidade escolar e a sociedade possuem como dever assegurar educação de qualidade à pessoa com deficiência, protegendo-a de toda forma de violência, negligência e discriminação.

Portanto, rememorando algumas das justificativas apresentadas pela escola, pelos professores e profissionais da escola e pelas famílias dos alunos que não possuem deficiência, verificamos que, tendo como parâmetro a Lei, todas elas são refutáveis. A Lei deve ser cumprida. Mecanismos devem ser criados para que o aluno com deficiência possa exercer seu direito à educação no ensino regular.

Vale ressaltar que qualquer ação ou omissão que tenha como propósito impedir ou dificultar o exercício do direito à educação inclusiva é considerado discriminação pela Lei Brasileira de Inclusão, sendo a conduta criminosa. Vejamos:

> Art. 4º Toda pessoa com deficiência tem direito à igualdade de oportunidades com as demais pessoas e não sofrerá nenhuma espécie de discriminação.
> § 1º Considera-se discriminação em razão da deficiência toda forma de distinção, restrição ou exclusão, por ação ou omissão, que tenha o propósito ou o efeito de prejudicar, impedir ou anular o reconhecimento ou o exercício dos direitos e das liberdades fundamentais de pessoa com deficiência, incluindo a recusa de adaptações razoáveis e de fornecimento de tecnologias assistivas.
> ...
> Art. 88. Praticar, induzir ou incitar discriminação de pessoa em razão de sua deficiência:
> Pena – reclusão, de 1 (um) a 3 (três) anos, e multa.
> § 1º Aumenta-se a pena em 1/3 (um terço) se a vítima encontrar-se sob cuidado e responsabilidade do agente. (Lei n. 13.146, 2015)

Ora, no sistema jurídico brasileiro quando o legislador tipifica uma conduta como criminosa resta claro a gravidade do ato, uma vez que o Direito Penal deve ser aplicado apenas em último caso.

Portanto, como já explanado a atitude da escola em não receber o aluno com deficiência e não disponibilizar todos os mecanismos necessários para seu desenvolvimento é uma conduta criminosa respondendo pessoalmente o gestor da Escola e seu quadro funcional incluindo professores e funcionários. Da mesma forma respondem pessoalmente os pais de alunos de outras crianças sem deficiência ou seus filhos adultos que insistem em discriminar os alunos com deficiência impedindo a inclusão escolar.

Acrescentado à responsabilização criminal, há a responsabilidade civil constituída de indenizações, multas, penalidades administrativas (perda do cargo ou função), dentre outras, aplicáveis cumulativamente à pena de prisão.

Acredito que o diálogo sincero e a conscientização dos direitos e deveres sejam o caminho para que cada vez mais a educação inclusiva aconteça na prática. As dificuldades apresentadas no início desta Introdução são reais (apesar de injustificáveis) e devemos criar mecanismos para diminuí-las e por fim acabar com elas.

A escola, seja pública ou particular, precisa se equipar, capacitar seu corpo docente e de funcionários, além de contratar outros profissionais e professores especializados na educação inclusiva. Deve possuir todos os equipamentos necessários à inclusão, abrangendo os materiais de tecnologia assistiva e acessibilidade física, bem como deve elaborar o Plano de Educação Individualizado prevendo a forma de avaliação e as etapas de aprendizado com metas específicas para o aluno com deficiência. O orçamento para inclusão deve ser garantido antes do ano letivo e a escola precisa estar pronta para receber qualquer aluno, com deficiência ou sem deficiência.

Os professores e funcionários, mesmo que não tenham tido formação específica em relação à inclusão escolar na Faculdade de Pedagogia ou em outros cursos, devem buscar o aperfeiçoamento profissional ante à necessidade de atualização. Isso acontece em todas as profissões. O médico precisa se atualizar ante ao avanço da ciência, o profissional do Direito da mesma forma precisa se atualizar em relação à evolução das legislações, e assim todas as demais profissões precisam estar em constante evolução devido o aperfeiçoamento científico da humanidade.

As famílias dos alunos que não possuem deficiência precisam entender que a inclusão não atrasa o desenvolvimento de ninguém, ao contrário, enriquece o aprendizado ante a diversidade e a necessidade de reformulação constante da forma de ensinar. Estimula a criatividade e formam pessoas mais conscientes e solidárias. Valores que agregam qualidade a qualquer conteúdo programático.

O Poder Público, seja de qualquer esfera (Executivo, Legislativo, Judiciário, Defensoria Pública e Ministério Público) deve proporcionar condições reais para implementação da Educação Inclusiva assegurando os direitos dos alunos com deficiência, através de previsão orçamentária suficiente para equipar as escolas e capacitar toda equipe funcional da Educação, além de criar mecanismos de educação em direitos, fiscalização e atos normativos suficientes para imprimir eficácia a todo conceito de Educação Inclusiva.

Feitas estas observações introdutórias, passemos ao assunto principal deste artigo. Não basta equiparmos a escola com acessibilidade física e materiais de tecnologia assistiva se não temos o corpo docente e de funcionários capacitados para realizar a inclusão escolar.

Neste artigo sugerirei a presença obrigatória de dois profissionais que na minha ótica resolveria em grande parte a questão da capacitação e reduziria substancialmente as barreiras atitudinais à inclusão. São eles o professor de educação especial e o profissional de apoio escolar.

2. O PROFESSOR DE EDUCAÇÃO ESPECIAL (PEE)

Para tratarmos acerca da função do professor de educação especial, incialmente é necessário termos uma noção prévia sobre o atendimento educacional especializado (AEE).

A oferta de atendimento educacional especializado (AEE) já estava assegurada desde a Constituição Federal de 1988, na qual foi estipulada que o dever do Estado com a educação, dentre outros, será efetivado mediante a garantia de atendimento educacional especializado aos alunos com deficiência, preferencialmente na rede regular de ensino (Constituição da República Federativa do Brasil, 1988).

A Resolução CNE/CEB nº 4, de 2 de outubro de 2009 do Ministério da Educação instituiu as diretrizes operacionais para o atendimento educacional especializado na educação básica. Essa resolução constitui-se em verdadeiro divisor de águas ao estipular com clareza as funções do atendimento educacional especializado e a forma com deve ser ofertado.

O artigo 2º da referida resolução estipula que o "AEE tem como função complementar ou suplementar a formação do aluno por meio da disponibilização de serviços, recursos de acessibilidade e estratégias que eliminem as barreiras para sua plena participação na sociedade e desenvolvimento de sua aprendizagem." (Ministério da Educação, 2009). O artigo 5º ainda estipula que:

> O AEE é realizado, prioritariamente, na sala de recursos multifuncionais da própria escola ou em outra escola de ensino regular, no turno inverso da escolarização, não sendo substitutivo às classes comuns, podendo ser realizado, também, em centro de Atendimento Educacional Especializado da rede pública ou de instituições comunitárias, confessionais ou filantrópicas sem fins lucrativos, conveniadas com a Secretaria de Educação ou órgão equivalente dos Estados, Distrito Federal ou dos Municípios. (Ministério da Educação, 2009)

A elaboração e a execução do plano de AEE são de competência dos professores que atuam na sala de recursos multifuncionais ou centros de AEE, em articulação com os demais professores do ensino regular, com a participação das famílias e em interface com os demais serviços setoriais da saúde, da assistência social, entre outros necessários ao atendimento. Nota-se que nesse momento há referência expressa em relação ao professor de educação especial, sendo que a elaboração e a execução do plano do atendimento educacional especializado será de competência desse profissional.

Porém, o desafio deste artigo é ir além da função específica do atendimento educacional especializado ofertado no contraturno escolar. Pretende-se demonstrar que o professor de educação especial é uma importante ferramenta para capacitação de todo corpo funcional da escola, além de colaborar diretamente em todos assuntos ligados à Educação Inclusiva.

Conforme Andrioli (2013) "na perspectiva de uma escola inclusiva, o trabalho do professor do atendimento educacional especializado se desdobra em inúmeras específicas funções, uma vez que não é mais um especialista em uma área específica" (p. 57).

Vale ressaltar a necessidade de o professor de educação especial possuir formação específica para Educação Especial. A educação inclusiva requer profissionais preparados para atuar na diversidade, que compreendam as diferenças e que valorizem as potencialidades de cada aluno, para que as práticas de ensino efetivamente favoreçam a aprendizagem. O professor deve possuir um conjunto de saberes que fundamentem sua ação, além de habilidades e competências sobre mediação pedagógica.

A ausência de entendimento sobre as peculiaridades das deficiências e a incapacidade de reconhecer as potencialidades dos alunos, bem como efetivar a flexibilização dos currículos, podem ser fatores determinantes para barreiras atitudinais e práticas distanciadas da real necessidade dos alunos. A falta de qualificação profissional pode afetar diretamente o processo de aprendizado do aluno com deficiência, fazendo-o constar somente como figuração em sala de aula (Pimentel, 2012).

Atualmente, a formação do professor de educação especial pode ser realizada através do Curso de Licenciatura em Educação Especial, fundamentado na Resolução CNE/CP nº 2, de 1º de julho de 2015, que institui as Diretrizes Curriculares Nacionais para a Formação Inicial em nível superior (cursos de licenciatura, formação pedagógica para graduados e segunda licenciatura) e formação continuada.

Avançando ainda com a Resolução CNE/CEB nº 4/2009 no artigo 13º institui como atribuições do professor especializado:

> I – identificar, elaborar, produzir e organizar serviços, recursos pedagógicos, de acessibilidade e estratégias considerando as necessidades específicas dos alunos público-alvo da Educação Especial;
> II – elaborar e executar plano de Atendimento Educacional Especializado, avaliando a funcionalidade e a aplicabilidade dos recursos pedagógicos e de acessibilidade;
> III – organizar o tipo e o número de atendimentos aos alunos na sala de recursos multifuncionais;
> IV – acompanhar a funcionalidade e a aplicabilidade dos recursos pedagógicos e de acessibilidade na sala de aula comum do ensino regular, bem como em outros ambientes da escola;
> V – estabelecer parcerias com as áreas intersetoriais na elaboração de estratégias e na disponibilização de recursos de acessibilidade;
> VI – orientar professores e famílias sobre os recursos pedagógicos e de acessibilidade utilizados pelo aluno;
> VII – ensinar e usar a tecnologia assistiva de forma a ampliar habilidades funcionais dos alunos, promovendo autonomia e participação;
> VIII – estabelecer articulação com os professores da sala de aula comum, visando à disponibilização dos serviços, dos recursos pedagógicos e de acessibilidade e das estratégias que promovem a participação dos alunos nas atividades escolares. (Ministério da Educação, 2009)

Vale observar que várias atribuições do professor de educação especial são realizadas independente da oferta do atendimento educacional especializado disponibilizado no contraturno escolar.

Dentre as funções cabe ressaltar a atribuição de acompanhar a funcionalidade e a aplicabilidade dos recursos pedagógicos e de acessibilidade na sala de aula comum do ensino regular, bem como em outros ambientes da escola. Portanto, o professor de educação especial deve atuar também no âmbito da sala de aula comum assessorando o professor regente e demais funcionários nas temáticas da inclusão. Não necessariamente deve estar todos os dias dentro da sala de aula comum, podendo esse trabalho de acompanhamento e assessoramento ser realizado regularmente através de um calendário próprio. É preciso lembrar que poderá ocorrer hipóteses em que seja necessário e viável a existência diária de dois professores na classe comum, o professor regente e o professor de educação especial, a depender da necessidade específica dos alunos.

De acordo com Ribeiro (2012), cabe ao professor especializado planejar, executar e avaliar o processo de ensino e aprendizagem, buscando promover condições para que o aluno com deficiência possa ser integrado à classe comum, bem como assessorar o professor da classe comum quando se fizer necessário. Compete a ele planejar adaptações ao currículo, prover técnicas e recursos mais adequados às necessidades educacionais dos alunos, sempre com o objetivo de superar as dificuldades impostas pela deficiência.

O professor de educação especial deve atuar de forma intersetorial, realizando parcerias para elaboração de estratégias de inclusão e disponibilização de recursos de acessibilidade. Em relação às estratégias de inclusão, deve-se ter o cuidado em observar cada aluno com deficiência e criar mecanismos para que todas as suas atividades, sejam pedagógicas, recreativas ou sociais, aconteçam em conjunto com os demais estudantes, de modo a promover o respeito à diversidade de forma consciente e espontânea.

É importante dizer que a intervenção do professor de educação especial em relação aos recursos de acessibilidade não se resume àqueles aplicados dentro da sala de aula. Orienta desde o deslocamento do aluno de casa até a escola através do transporte púbico ou particular, incluindo o efetivo ingresso na sala de aula, verificado se a acessibilidade ocorre de forma segura, autônoma e digna.

Cabe ainda ao professor de educação especial orientar professores e famílias sobre os recursos pedagógicos e de acessibilidade utilizados pelo aluno, além de ensinar e usar a tecnologia assistiva de forma a ampliar habilidades funcionais dos alunos, promovendo autonomia e participação.

Faz-se fundamental focalizar as atenções para as potencialidades e capacidades dos alunos com deficiência e não somente para as dificuldades, limites e carências, assim como instituir práticas pedagógicas diferenciadas garantirá efetivamente a igualdade de oportunidades no processo educacional (Ribeiro, 2012).

Para que a aplicação dos recursos pedagógicos e de acessibilidade sejam eficazes, torna-se necessário a compreensão da família, dos professores e demais profissionais do modo correto em utilizá-los. Da mesma forma ocorre em relação à utilização da tecnologia assistiva. Por vezes é necessário que a família estimule em casa o filho com deficiência utilizando-se de recursos pedagógicos, de acessibilidade e tecnologia assistiva.

A depender da deficiência, em muitos casos a família deve incitar a plasticidade cerebral da criança com deficiência para que o cérebro realize novas sinapses e a criança aproveite todas as oportunidades de ensino. É importante que essa família seja capacitada e saiba utilizar os recursos pedagógicos e de acessibilidade de forma adequada para potencializar o aprendizado do filho.

Por fim, cabe ainda ao professor de educação especial estabelecer articulação com os professores da sala de aula comum, visando a disponibilização dos serviços, dos recursos pedagógicos e de acessibilidade, e das estratégias que promovem a participação dos alunos nas atividades escolares.

Na prática, ocorrem algumas dificuldades em se estabelecer tal articulação entre professor regente e professor de educação especial. Um dos motivos é exatamente a incompatibilidade de horário tendo em vista que o AEE é ofertado no contraturno escolar. Porém, esse trabalho pode ser realizado por um professor de educação especial destinado a exercer essa função de assessoria e elaboração de estratégias junto ao professor regente, desde que subsidiado de informações pelo professor de educação especial que realiza o atendimento direto com o aluno no AEE.

Realmente, se pensarmos em um mesmo professor de educação especial para realizar a dupla função no AEE, e também no suporte à escola e ao professor regente, chegamos à conclusão de que é difícil o desenvolvimento a contento desta função. Portanto, a atuação do professor de educação especial não se restringe ao acompanhamento do aluno no contraturno escolar no AEE. É plenamente possível que existam diversos professores de educação especial exercendo funções diferentes dentro de uma mesma escola.

Outro ponto de dificuldade geralmente levantado é em relação a eventual resistência do professor regente ao argumento de ter que dividir com outro professor as atividades pedagógicas. Nesse caso, vale ressaltar que o trabalho do professor de educação especial é complementar e suplementar (nunca substitutivo) a formação do aluno com deficiência conforme descrito na Resolução CNE/CEB nº 4, de 2 de outubro de 2009 do Ministério da Educação. O professor especializado aplica conhecimentos e técnicas específicas para potencializar o aprendizado do aluno com deficiência promovendo autonomia e buscando minimizar as barreiras físicas e atitudinais que impeçam a sua progressão.

Já ao professor regente da classe comum cabe o ensino do conteúdo programático das diversas disciplinas escolares. Logo, não há qualquer incompatibilidade. A atuação do professor de educação especial não colide com a atuação do professor regente, ao contrário, potencializa todo o processo de aprendizado.

Como dito, o professor de educação especial deve ajudar no planejamento (juntamente aos demais profissionais da escola) de todo projeto de ensino pedagógico, no intuito de possibilitar que o aluno com deficiência possa ser incluído à classe comum com qualidade. Tal planejamento inclui, dentre outras ferramentas, adaptações ao currículo e utilização de técnicas e recursos adequados às necessidades educacionais dos alunos, com a intenção de ampliar as competências do aluno com deficiência e proporcionar o aprendizado real.

Frise-se que a função do professor de educação especial ultrapassa a oferta do serviço do AEE. Deve atingir todos os alunos com deficiência independente da matrícula no AEE no contraturno escolar. É corriqueiro os casos em que alunos com deficiência não são matriculados no AEE, por diversos motivos, não sendo lícito negar o direito ao ensino educacional especializado dentro da classe comum. Dessa vez, o professor de educação especial realizará uma função diferente do AEE consistente em acompanhar a evolução do aluno com deficiência e assessorar o professor regente nas práticas inclusivas dentro da sala de aula.

Cabe enfatizar que independente do modelo de escola, a formação e disponibilização de professores de educação especial é direito do aluno com deficiência, aplicando-se todas as regras do AEE também às escolas particulares, conforme disposição expressa do artigo 28, XI e §1º da Lei Brasileira de Inclusão (Lei 13.146/2015). Vejamos:

> Art. 28. Incumbe ao poder público assegurar, criar, desenvolver, implementar, incentivar, acompanhar e avaliar:
>
> ...
>
> XI – formação e disponibilização de professores para o atendimento educacional especializado, de tradutores e intérpretes da Libras, de guias intérpretes e de profissionais de apoio;
>
> ...
>
> § 1º Às instituições privadas, de qualquer nível e modalidade de ensino, aplica-se obrigatoriamente o disposto nos incisos I, II, III, V, VII, VIII, IX, X, XI, XII, XIII, XIV, XV, XVI, XVII e XVIII do caput deste artigo, sendo vedada a cobrança de valores adicionais de qualquer natureza em suas mensalidades, anuidades e matrículas no cumprimento dessas determinações. (Lei n. 13.146, 2015)

Sendo assim, a presença do professor de educação especial dentro do corpo funcional da escola, seja pública ou particular, é imprescindível para que a Educação Inclusiva ocorra de fato. É um importante instrumento para capacitação de toda escola em relação às demandas dos alunos com deficiência.

3. PROFISSIONAL DE APOIO ESCOLAR (PAE)

A função do profissional de apoio escolar está descrita na Lei Brasileira de Inclusão (Lei 13.146/2015), conforme artigo 3º, inc. XIII, vejamos:

> XIII – profissional de apoio escolar: pessoa que exerce atividades de alimentação, higiene e locomoção do estudante com deficiência e atua em todas as atividades escolares nas quais se fizer necessária, em todos os níveis e modalidades de ensino, em instituições públicas e privadas, excluídas as técnicas ou os procedimentos identificados com profissões legalmente estabelecidas. (Lei n. 13.146, 2015)

A conceituação legal afirma que o profissional de apoio escolar atua em todas as atividades escolares nas quais se fizer necessária. Portanto, não está restrito apenas aos cuidados de alimentação, higiene e locomoção do estudante com deficiência. O profissional de apoio deve ser a ponte entre o aluno com deficiência e o professor regente e demais alunos da classe, facilitando a comunicação e o desenvolvimento das atividades pedagógicas.

É importante dizer que cabe ao professor de classe repassar o conteúdo escolar diretamente ao aluno com deficiência. Ao profissional de apoio, é resguardada a função de suporte e nunca deve se colocar no lugar do professor regente, uma vez que a inclusão consiste em o aluno com deficiência participar juntamente aos demais alunos de todas as atividades escolares ministradas pelo professor da classe.

O profissional de apoio ou qualquer outra pessoa que esteja realizando o suporte ao estudante deve ter a consciência que sua função é proporcionar que o aluno com deficiência possa realizar as atividades com os outros alunos, não individualmente e isolado dos demais. É importante que o profissional de apoio seja especializado e devidamente capacitado para poder apoiar adequadamente o aluno com deficiência.

A escola, seja pública ou particular (art. 28, inc. XI e § 1º da Lei Brasileira de Inclusão), deve investir na capacitação permanente desse profissional, que precisa conhecer as deficiências e saber a melhor forma de apoiar o aluno dentro de sala de aula. Como dito no tópico anterior, essa capacitação pode ser realizada pelo professor de educação especial, por exemplo, além de poder contar com a ajuda de outros profissionais da equipe multidisciplinar e dos pais.

Inclusive, a Lei 12.764/12, que instituiu a Política Nacional de Defesa dos Direitos das Pessoas com Transtorno do Espectro Autista (TEA), também conhecida como Lei Berenice Piana ou Lei do Autismo, garantiu o direito ao acompanhante especializado para o aluno com autismo:

Art. 3º São direitos da pessoa com transtorno do espectro autista:

...

> Parágrafo único. Em casos de comprovada necessidade, a pessoa com transtorno do espectro autista incluída nas classes comuns de ensino regular, nos termos do inciso IV do art. 2º, terá direito a acompanhante especializado. (Lei n. 12.764, 2012)

Tal dispositivo deve ser estendido às outras deficiências promovendo-se o necessário diálogo de fontes no Direito Brasileiro.

A meu ver, tanto o profissional de apoio previsto na Lei Brasileira de Inclusão quanto o acompanhante especializado previsto na Lei Berenice Piana (Lei do Autismo), correspondem a uma função semelhante. Vale dizer que a Lei Brasileira de Inclusão foi sancionada posteriormente à Lei Berenice Piana, regulamentando a possibilidade do profissional de apoio auxiliar todos os tipos de deficiência. Não há incompatibilidade de funções, apenas uma nomenclatura diferente em razão da promulgação das leis em momentos distintos.

É importante dizer que o profissional de apoio não deve ser um estagiário de pedagogia ou de qualquer outra profissão. Trata-se de um profissional e não um estudante. A relação com a escola deve ser estável e não perene como a de um estagiário, uma vez que sua função é peça essencial na inclusão escolar. O profissional de apoio deve compor o quadro funcional da escola.

Diversas deficiências exigem que o aluno tenha um elo estável com seu profissional de apoio dentro de sala de aula. Por vezes, o acompanhamento por mais de um ano letivo pelo mesmo apoiador é uma necessidade indispensável para o desenvolvimento do aluno. O profissional de apoio que atue por mais tempo saberá como ninguém as particularidades do aluno que o acompanha, compreendendo suas limitações e habilidades e, ao ter a confiança e segurança reconhecida pelo estudante, conseguirá extrair o máximo do aluno para o aprendizado autônomo e real.

Também, a estabilidade no acompanhamento do profissional de apoio ao aluno é necessária, pois ganha-se tempo com as intervenções pedagógicas uma vez que não há a necessidade de a todo momento criar um novo elo e gastar mais tempo precioso com a adaptação e o conhecimento de outro profissional de apoio em relação à especificidades do aluno com deficiência. Tal fato novamente corrobora a impossibilidade da contratação de um estagiário para o exercício da função de profissional de apoio escolar, pois o vínculo do estágio é perene e instável.

Pensando no apoio ao aluno com deficiência no ensino básico (ensino infantil, fundamental e médio), entendo ser pré-requisito inicial para o exercício da função de profissional de apoio escolar a conclusão do ensino médio e a devida capacitação específica no apoio à pessoa com deficiência (que pode ser realizada pelo professor de educação especial, por exemplo).

Reconheço que a questão é polêmica e devido à inexistência de regulamentação da profissão existem vários pontos de vistas diferentes sobre a formação acadêmica e o real papel do profissional de apoio dentro da sala de aula.

4. CONCLUSÃO

Levando em consideração a realidade brasileira em que a questão orçamentária, tanto nas escolas públicas quanto nas escolas particulares, é colocada pela comunidade escolar como um impedimento significativo para o cumprimento da legislação e a efetivação dos direitos do aluno com deficiência, alternativas devem ser criadas para que avancemos nas políticas públicas de inclusão.

Sabemos que ainda muito se precisa caminhar para que a Lei Brasileira de Inclusão e demais normas pertinentes aos direitos das pessoas com deficiência sejam implementadas conforme o conteúdo de seus textos. Acredito que se tivéssemos em cada escola, repita-se, seja pública ou privada, ao menos a presença do professor de educação especial e do profissional de apoio escolar, regularmente em seus quadros funcionais, caminharíamos a passos largos para a efetivação da inclusão. Aqui, ressalva-se a necessidade de outros apoios a depender da deficiência, como por exemplo a deficiência auditiva, que demanda a presença do intérprete e/ou instrutor de Libras.

Ressalta-se que a contratação do professor de educação especial para atuar no atendimento educacional especializado, na realização da capacitação de todo quadro de funcionários da escola (transporte, portaria, cantina, servidores da limpeza, administrativo, profissionais de apoio escolar e professores), e também na elaboração de planos e supervisão das as medidas necessárias à inclusão, é ponto chave para que cada escola, de forma independente, possa se tornar inclusiva e destinada a todos os alunos independente de qualquer deficiência.

Por sua vez, a existência do profissional de apoio escolar (devidamente capacitado) com a formação mínima acadêmica de conclusão do ensino médio, para o trabalho no ensino básico, possibilitará a implementação do apoio correto ao aluno com deficiência sempre regido pelo professor de classe e supervisionado pelo professor de educação especial.

Portanto, muito se economizaria com a contratação regular destes dois profissionais (professor de educação especial e profissional de apoio escolar), e as escolas estariam prontas para receber qualquer aluno.

Enfim, o trabalho em conjunto entre professor regente, professor de educação especial e profissional de apoio escolar, em consonância aos demais funcionários da escola, equipe multidisciplinar e família é o caminho para que uma nova mentalidade educacional seja criada e que a escola seja de todos e para todos.

REFERÊNCIAS

Andrioli, M. G. (2013). *Fundamentos e estágio da educação especial e inclusiva*. 1ª ed. Pearson Education do Brasil.

Constituição da República Federativa do Brasil. (1988). http://www.planalto.gov.br/ccivil_03/constituicao/constituicao.htm

Lei 12.764, de 27 de dezembro de 2012. (2012). Institui a Política Nacional de Proteção dos Direitos da Pessoa com Transtorno do Espectro Autista; e altera o § 3° do art. 98 da Lei nº 8.112, de 11 de dezembro de 1990. http://www.planalto.gov.br/ccivil_03/_Ato2011-2014/2012/Lei/L12764.htm

Lei 13.146, de 06 de julho de 2015. (2015). Institui a Lei Brasileira de Inclusão da Pessoa com Deficiência (Estatuto da Pessoa com Deficiência). http://www.planalto.gov.br/ccivil_03/_ato2015-2018/2015/lei/l13146.htm

Ministério da Educação. (2009). Resolução n. 4, de 2 de outubro de 2009. http://portal.mec.gov.br/dmdocuments/rceb004_09.pdf

Ministério da Educação. (2015). Resolução n. 2, de 1º de julho de 2015. http://portal.mec.gov.br/index.php?option=com_docman&view=download&alias=136731-rcp-002-15-1&category_slug=dezembro-2019-pdf&Itemid=30192

Pimentel, Susana C. (2012). Formação de professores para a inclusão: saberes necessários e percursos formativos. In T. G. Miranda & T. A. Galvão Filho (Orgs.). *O professor e a educação inclusiva: formação, práticas e lugares*. EDUFBA.

Ribeiro, M. L. S. (2012). Educação especial: desafio de garantir igualdade aos diferentes. In S. C. B. Piconez (Coord.). *A prática de ensino e o estágio supervisionado*. 24ª ed. Papirus.

A EQUIPE MULTIPROFISSIONAL NA EDUCAÇÃO DE CRIANÇAS E ADOLESCENTES COM DEFICIÊNCIA: ANÁLISE CRÍTICA DE SUA FUNDAMENTAÇÃO JURÍDICA

Flávia Albaine Farias da Costa

1. INTRODUÇÃO

A escola desempenha um papel de suma importância na educação geral de crianças e jovens, proporcionando a eles os domínios de suas capacidades e habilidades intelectuais, o aprendizado de valores e atitudes, o exercício da cidadania, além da criação de uma relação autônoma, crítica e construtiva com a cultura em suas várias formas de manifestações (Libânio, 2007).

Historicamente, a principal característica da escola sempre foi a educação. Entretanto, no decorrer do tempo, apenas alguns grupos de pessoas foram escolarizados, situação essa legitimada pelas próprias práticas educacionais. O processo de democratização do ensino ainda é um fenômeno bastante recente e traz à tona o paradoxo entre inclusão e exclusão, pois, ao mesmo tempo em que o discurso fala da universalização do acesso ao ensino, na prática ainda há predomínio da homogeneização e da padronização, com a exclusão daqueles que não se adéquam ao padrão imposto pelos métodos educacionais (Chiaradia & Caron, 2019).

Dentro de tal contexto, a educação de pessoas com deficiência sempre foi marcada por exclusões. Inicialmente, não se concebia que essas pessoas poderiam ser educadas. Com o passar do tempo, a ideia de que as pessoas com deficiência também são titulares do direito fundamental à educação foi se aprimorando, não apenas em função dos avanços científicos, mas também diante das transformações sociais que abriram espaço para o debate dos Direitos Humanos e da Dignidade da Pessoa Humana em todas as esferas da vida social (Alves, 2018). Como decorrência das discussões internacionais e nacionais sobre a importância de se problematizar a histórica exclusão e segregação das pessoas com deficiência do campo educacional, diversos instrumentos legais, nacionais e internacionais, foram editados com o objetivo de garantir o direito à educação de pessoas com deficiência, dentre os quais estão a Constituição Federal Brasileira de 1988, a Convenção Internacional sobre os Direitos das Pessoas com Deficiência, o Estatuto da Pessoa com Deficiência, o Estatuto da Criança e do Adolescente, a Lei de Diretrizes e Bases da Educação Nacional, a Declaração Universal de Direitos Humanos de 1948, a Declaração Americana dos Direitos e Deveres do Homem de 1948, a Carta Internacional Americana de Garantias Sociais de 1948, a Declaração dos Direitos da Criança de 1959, a Convenção contra a Discriminação no Campo do Ensino de 1960, o Pacto Internacional dos Direitos Econômicos Sociais e Culturais de 1966, o Protocolo de San Salvador de 1988, a Declaração Mundial de Educação para Todos de 1994, a Declaração de Salamanca de 1994, e outros.

Dentre os instrumentos acima citados, merece destaque a Convenção Internacional sobre os Direitos das Pessoas com Deficiência e o seu Protocolo Facultativo, ratificados pelo Brasil com status constitucional em 2008, adotando o modelo social de deficiência e trazendo a previsão detalhada do direito à educação inclusiva no artigo 24 da Convenção. De acordo com o referido modelo social, a questão da deficiência passa a ser considerada internacionalmente como uma questão de direitos humanos: a deficiência deixa de ser uma característica exclusivamente individual da pessoa para se tornar uma questão social, na medida em que passa a ser a resultante da interação entre as características individuais da pessoa e as barreiras sociais que obstruem a sua participação plena e efetiva na sociedade em igualdade de condições com as demais. Diante dessa realidade, a sociedade é convocada para eliminar barreiras com o objetivo de promover a efetiva inclusão social da pessoa com deficiência.

Entretanto, apesar de todos os esforços normativos nacionais e internacionais para a criação de sistemas educacionais efetivamente inclusivos, a chegada dos alunos com deficiência às salas de aulas ainda constitui um campo de tensões entre os referidos estudantes, suas famílias e o corpo docente. Isso porque, para a efetivação prática da educação de crianças e adolescentes com deficiência, muitos são os obstáculos a serem superados, tais como o preconceito, a ausência de transporte apropriado até o ambiente escolar, as barreiras arquitetônicas dentro da escola, a falta de capacitação adequada dos profissionais da educação, a ausência de profissionais de outras áreas do conhecimento para auxiliar os profissionais da educação, dentre outros. Aponta-se, ainda, a dificuldade em enxergar a pessoa com deficiência em sua complexidade, mormente no caso de crianças e adolescentes, que são pessoas em desenvolvimento[1].

A equipe multiprofissional[2] é um importante instrumento que pode auxiliar no desenvolvimento saudável e harmonioso de crianças e adolescentes (com e sem deficiência) dentro do ambiente escolar, preparando-os para o enfrentamento das exigências propostas pela sociedade contemporânea através, dentre outras formas de atuação, da interação entre núcleo familiar e núcleo escolar (Bortolli & Volsi, 2016).

Portanto, o objetivo do presente estudo é apontar e analisar de forma crítica os principais fundamentos jurídicos que embasam a existência da equipe multiprofissional dentro do ambiente escolar como instrumento de auxílio na educação de crianças e adolescentes com deficiência[3]. Para tal, o trabalho seguirá uma abordagem qualitativa, tendo como base o método bibliográfico.

2. BREVES EXEMPLOS DA ATUAÇÃO PRÁTICA DA EQUIPE MULTIPROFISSIONAL NO AMBIENTE ESCOLAR

Com o intento de exemplificar, e de modo que a importância da atuação da equipe multiprofissional na escola não fique apenas no plano teórico, é possível trazer a baila trecho em que são apontados os trabalhos práticos dos diferentes profissionais componentes de uma equipe multiprofissional na educação de crianças e adolescentes com síndrome de Down:

---

1 Tais dificuldades foram listadas pela própria autora durante a realização de pesquisa de campo de seu projeto de mestrado, que inclui visitas em escolas públicas com o objetivo de entrevistar profissionais da educação para saber, dentre outros aspectos, as principais dificuldades encontradas na educação de crianças e adolescentes com deficiência.

2 A expressão "equipe multiprofissional", no presente trabalho, está sendo usada para designar a equipe formada por profissionais de diferentes áreas do saber, mas que se complementam para a consecução de um objetivo comum.

3 Esclareça-se que a equipe multiprofissional é extremamente útil no ambiente escolar para auxiliar na educação de crianças e adolescentes com e sem deficiência. Entretanto, no presente trabalho, optou-se por analisar a fundamentação jurídica que embasa a atuação dessa equipe na educação de crianças e adolescentes com deficiência.

> Como auxílio do trabalho pedagógico no desenvolvimento da criança com necessidades especiais[4], encontramos uma equipe multidisciplinar[5] composta por: pedagogas que oferecem atividades voltadas às necessidades de cada aluno, contribuindo cognitivamente, descobrindo novas habilidades, tendo como objetivo trabalhar a inclusão, professores de disciplinas complementares (artes, música, dança, teatro e educação física), as denominadas oficinas, psicóloga que realiza avaliações e proporciona uma estrutura emocional ao aluno e a família através de orientações, psicopedagoga, fisioterapeuta cujo objetivo é habilitar as crianças e demais alunos em suas aptidões motoras, respeitando sempre os limites de cada aluno, nutricionista é a responsável por propiciar uma alimentação mais saudável com base no cardápio de acordo com as necessidades para garantir melhores resultados, fonoaudióloga responsável pela terapia favorecendo condições próprias comunicativa mais afetiva, terapeuta ocupacional realiza em diversas atividades com o objetivo de avaliar, habilitar e reabilitar disfunções de aspectos físicos, psicológicos, sociais e ocupacionais além de atividades baseadas na vida diária, assistente social é quem faz a ligação entre a instituição e a família trabalhando enfocados no acolhimento e orientações entre outros como, neurologista, dentista, cardiologista, pediatra e o apoio da família que assim como o professor são de suma importância para a formação e desenvolvimento da criança excepcional[6]. (Soave, 2009, p. 24)

Percebe, portanto, a importância da atuação em conjunto de profissionais de diferentes áreas do saber para que a criança e o adolescente com deficiência tenham as suas chances de aprendizagem e desenvolvimento ampliadas.

---

4 Utilizou-se a nomenclatura original do texto cujo trecho foi copiado, qual seja, "crianças com necessidades especiais". Entretanto, tal expressão tem sido considerada pejorativa pela legislação nacional, pela legislação internacional e pela doutrina especializada, que adota a expressão "pessoa com deficiência" como sendo a expressão correta.

5 Utilizou-se a expressão original do texto cujo trecho foi extraído, qual seja, "equipe multidisciplinar". Entretanto, em nosso trabalho preferimos adotar a expressão "equipe multiprofissional" para evitar qualquer confusão com a expressão "multidisciplinaridade", comumente adotada pelos profissionais da educação e que designa a presença de mais de uma disciplina em determinado projeto, mas cada uma delas mantendo os seus próprios métodos e teorias. Nos termos de Nicolescu et al. (2000), a multidisciplinaridade refere-se à busca da integração de conhecimentos por intermédio do estudo de um objeto de uma mesma e única disciplina ou por várias delas ao mesmo tempo.

6 Utilizou-se a nomenclatura original do texto cujo trecho foi extraído, qual seja, "criança excepcional". Entretanto, tal expressão tem sido considerada pejorativa pela legislação nacional, pela legislação internacional e pela doutrina especializada, que adota a expressão "pessoa com deficiência" como sendo a expressão correta.

O aluno com deficiência necessita de condições diferenciadas para conseguir alcançar os seus objetivos e para exercer os seus direitos na sociedade. Esse aluno possui diferenças, mas possui potencial para ser trabalhado. Dessa forma, para superar os obstáculos e atingir as suas metas, eles precisam de pessoas devidamente capacitadas e comprometidas que atuem em conjunto para estimular, dia após dia, o seu desenvolvimento intelectual, cognitivo e psicomotor (Soave, 2009).

3. A EQUIPE MULTIPROFISSIONAL COMO CONSEQUÊNCIA LÓGICA DO DIREITO À EDUCAÇÃO INCLUSIVA

A nossa compreensão é de que todo e qualquer dispositivo legal que sirva de fundamento jurídico para a educação de crianças e adolescentes com deficiência, por consequência, embasa também – ainda que implicitamente – a existência de uma equipe multiprofissional no ambiente escolar voltada para a educação desse grupo de pessoas.

Tal raciocínio se justifica pelo fato de que a pessoa com deficiência possui uma situação de saúde, física e/ou mental, diferenciadas das demais. O profissional da educação não é um profissional da saúde e, por tal razão, ele irá necessitar dos conhecimentos técnicos dos profissionais da saúde para poder adaptar o seus métodos e práticas de ensino de forma a contemplar as diferenças em sala de aula, de forma a possibilitar a educação efetiva das crianças e adolescentes com deficiência inseridos naquele ambiente escolar[7].

Essa adaptação dos métodos e práticas de ensino é essencial para a inclusão escolar. Nesse sentido, a pedagoga Maria Teresa Eglér Mantoan – especialista em educação de pessoas com deficiência – entende que a inclusão escolar de pessoas com deficiência gera uma reorganização das práticas escolares através de uma mudança de paradigma educacional, devendo haver uma revisão urgente dos métodos padronizados até então (Mantoan, 2013).

Não somente para a adaptação das práticas pedagógicas a escola irá necessitar de profissionais de diversas áreas do saber. A ajuda da equipe multiprofissional (composta por profissionais da saúde, das ciências so-

---

7 A maneira como esses conhecimentos técnicos de outras áreas será repassada aos profissionais da educação, assim como a forma como eles irão adaptar os seus métodos de ensino são assuntos que não serão abordados no presente trabalho por se tratarem de assuntos a serem desenvolvidos por profissionais da pedagogia, o que foge ao nosso alcance.

ciais e outros) será essencial também para a concretização de outros aspectos importantes na efetivação da educação do aluno com deficiência, como, por exemplo, a realização da conexão entre o núcleo familiar e o núcleo escolar, e a prevenção e eliminação de práticas como o *bullying*.

Se todo esse movimento de adaptação da escola com o trabalho da equipe multiprofissional não for feito, segundo Mantoan (2013), corre-se o risco de haver uma mera integração do aluno com deficiência, sem sua efetiva inclusão. Aqui, cabe salientar que na integração o aluno está formalmente matriculado na escola e frequenta as aulas, mas não consegue absorver o conteúdo passado por inadaptação dos métodos pedagógicos diante das peculiaridades do aluno, enquanto na inclusão o aluno frequenta a escola e consegue aprender o conteúdo passado dentro das suas possibilidades, pois a escola conseguiu se ajustar para atender as suas necessidade. Sendo assim, na falta de inclusão, torna frustrada a efetividade prática do direito à educação de crianças e adolescentes com deficiência.

Portanto, a equipe multiprofissional é essencial na concretização do direito à educação inclusiva, razão pela qual todos os dispositivos legais que fundamentam tal direito estão, implicitamente, fundamentando também a existência dessa equipe no ambiente escolar.

Partindo-se do raciocínio explanado, passaremos a análise detida de alguns dispositivos legais que abordam expressamente a existência de uma equipe multiprofissional e/ou de outros profissionais (que não sejam profissionais da educação) no ambiente escolar[8].

4. O ARTIGO 24, PARÁGRAFO 4º DO DECRETO 3.298 DE 1999

O Decreto 3.298 de 1999 regulamenta a Lei 7.853 de 1989 que dispõe sobre a Política Nacional para a Integração da Pessoa Portadora de

8 A legislação sobre educação especial no Brasil é bastante vasta. Nesse trabalho, optamos por analisar apenas os dispositivos que abordam expressamente a existência de uma equipe multiprofissional e/ou de outros profissionais (que não sejam profissionais da educação) no ambiente escolar. Entretanto, chamamos atenção para outros dispositivos legais extremamente importantes na educação de crianças e adolescentes com deficiência: artigo 208 da Constituição Federal Brasileira de 1988; Declaração de Salamanca (documento internacional) assinado pelo Brasil em 1994; artigo 24 da Convenção da ONU sobre os Direitos das Pessoas com Deficiência de 2007 (incorporada pelo Brasil com status constitucional); artigos 27 e 28 da Lei 13.146 de 2015 (Lei Brasileira de Inclusão); dentre outros.

Deficiência[9], consolidando as normas de proteção e dando outras providências. O seu artigo 24, parágrafo 4º dispõe que "a educação especial contará com equipe multiprofissional, com a adequada especialização, e adotará orientações pedagógicas individualizadas" (Lei n. 7853, 1989).

Trata-se de um dispositivo que prevê expressamente a participação de uma equipe multiprofissional na educação de crianças e adolescentes com deficiência, indicando que os profissionais da equipe deverão ter a especialização adequada, assim como deverão elaborar orientações pedagógicas individualizadas de acordo com as peculiaridades apresentadas pelo aluno com deficiência. Entretanto, não enumera os profissionais que deverão compor a equipe multiprofissional.

5. O ARTIGO 28, INCISO XVII DA LEI 13.146 DE 2015 (LEI BRASILEIRA DE INCLUSÃO)

O artigo 28, inciso XVII da Lei Brasileira de Inclusão (Lei 13.146 de 2015) traz a previsão de que "incumbe ao poder público assegurar, criar, desenvolver, implementar, incentivar, acompanhar e avaliar a oferta de profissionais de apoio escolar". O artigo 3º, inciso XIII do mesmo diploma define o que vem a ser profissional de apoio escolar:

> Pessoa que exerce atividades de alimentação, higiene e locomoção do estudante com deficiência e atua em todas as atividades escolares nas quais se fizer necessária, em todos os níveis e modalidades de ensino, em instituições públicas e privadas, excluídas as técnicas ou os procedimentos identificados com profissões legalmente estabelecidas. (Lei n. 13.146, 2015)

Diante da previsão genérica da lei, a atuação do profissional de apoio escolar ocorre em todas as atividades escolares nas quais a sua assistência for necessária.

A lei exclui da conceituação de profissional de apoio escolar as técnicas ou procedimentos identificados como profissões legalmente estabelecidas, o que pode ensejar o entendimento de que tais profissionais não seriam membros integrante de equipe multiprofissional. Independentemente de tal entendimento, são de suma importância as atividades exercidas pelos profissionais de apoio escolar na educação de crianças e adolescentes com deficiência.

---

9 Utilizou-se a nomenclatura original presente no texto legal, qual seja, "pessoa portadora de deficiência". Contudo, tal expressão tem sido considerada pejorativa pela legislação mais moderna (tanto nacional como internacional) e pela doutrina especializada, que adota a expressão "pessoa com deficiência" como sendo a expressão correta.

Exemplo marcante de profissional de apoio escolar é o cuidador, que garante o bem-estar e a segurança do aluno com deficiência durante o período em que ele se encontra na escola, auxiliando-o no deslocamento dentro da escola, em sua higiene pessoal, na realização de tarefas e em demais atividades[10].

6. A LEI 13.935 DE 2019

Essa Lei dispõe sobre a prestação de serviços de psicologia e de serviço social nas redes públicas de educação básica, tendo entrado em vigor em 11 de dezembro de 2019 e trazendo o prazo de um ano a partir da publicação para que os sistemas de ensino das redes públicas se adaptassem às suas previsões.

A Lei menciona expressamente a existência de equipes multiprofissionais compostas por profissionais da psicologia e da assistência social para o atendimento das necessidades e prioridades definidas pelas políticas de educação, além de ações para a melhoria da qualidade do processo de ensino-aprendizagem.

Aqui, o trabalho da equipe multiprofissional deverá considerar o projeto político- pedagógico das redes públicas de educação básica e dos seus estabelecimentos de ensino, assim como contará com a participação da comunidade escolar.

7. A EQUIPE MULTIPROFISSIONAL COMO INSTRUMENTO DE ADAPTAÇÃO DO ESPAÇO ESCOLA AO MODELO SOCIAL DE DEFICIÊNCIA

O modelo de deficiência adotado na atualidade pelo Brasil – tanto no plano interno como no plano internacional – é o modelo social de deficiência. Na esteira do raciocínio adotado pelo modelo social de deficiência, é a escola que precisa se adaptar para que o aluno com deficiência tenha o seu direito à educação efetivado, e não o contrário. Trata-se, dessa forma, de um ajustamento a ser feito por todos os atores componentes do ambiente escolar, que deverão atuar de forma a priorizar a eliminação de barreiras.

Ao longo do tempo, a noção de espaço foi sendo reconstruída e ressignificada, deixando de ser vista apenas em sua dimensão geométrica para assumir também a dimensão social. Logo, o espaço vai além do aspecto visível da realidade para englobar também a sua essência, isto é, os processos e fatores que lhe deram origem, os seus símbolos e as marcas de quem o produz, organiza-o e nele convive. Os espaços de vivência – cuja escola está incluída – constituem uma experiência decisiva na aprendizagem e na formação das primeiras estruturas cognitivas. Outrossim, esses espaços possuem um sistema de valores implícitos que poderão contribuir – ou não – para a construção de laços afetivos, sentimentos de identidade e pertencimento (Ribeiro, 2004).

Sendo assim, o espaço escolar é um local comandado por múltiplos interesses manifestos e ocultos que podem afetar a vida dos sujeitos, acarretando inclusões e exclusões. Na atualidade, em que se buscam novos paradigmas para uma educação mais inclusiva, plural e capaz de atender as necessidades de todos os seus alunos (independentemente de suas diferenças), a análise crítica do espaço escola é imprescindível para essa busca pela inclusão escolar de grupos vulneráveis, onde se incluem os alunos com deficiência (Ribeiro, 2004).

Paulo Freire (1996), em suas reflexões sobre os saberes necessários à prática educativa, entende que a rejeição a qualquer forma de discriminação deve estar obrigatoriamente presente em tais saberes, pois, do contrário, haverá ofensa à substantividade do ser humano e a negação radical da democracia. O autor menciona a sua perplexidade quando se depara com condutas discriminatórias se apresentando ao mundo como pedagogas da democracia. Ademais, ensinar exige reflexão crítica sobre a prática, fundamental na formação permanente dos educadores. É pensando criticamente na prática de hoje ou de ontem que se pode melhorar a prática do futuro. O discurso teórico, necessário à reflexão crítica, tem de ser concreto de tal modo que se confunda com a própria prática (Freire, 1996). Portanto, é crucial que a escola realize a sua reflexão crítica para mudar não apenas o discurso em prol de um ensino mais inclusivo, mas também, e principalmente, mudar as suas práticas, eliminando barreiras e condutas capacitistas.

Antônio Flávio Barbosa Moreira (2007) defende a necessidade de pensar em outra escola que possa atender à clientela a que ela se dirige, pois essa clientela mudou e os desafios são maiores. Na atualidade, a escola não reproduz apenas as desigualdades em termos de classes sociais, ela também oprime. Não se pode ignorar o fato de a escola trabalhar de forma diferente com a menina, com uma criança negra, e com uma criança índia. Não se pode ignorar que a escola ainda humilha o adolescente homossexual e apresenta inúmeras barreiras que dificultam o aprendizado do aluno com deficiência. Há processos sociais bastante complexos que tendem a homogeneizar, e outros que tendem a estabelecer diferenças ocorrendo fora da escola, mas afetando o espaço escolar. A escola precisa estar preparada frente a isso tudo, organizando-se em termos mais amplos e pensando em um currículo capaz de melhor gerir essa complexidade. O autor considera importantíssimo trabalhar nesse sentido com o professor, com o diretor e com quem ocupa o cargo de supervisor dentro da escola, tanto na formação inicial quanto na formação continuada, pois assim será possível discutir como as disciplinas que já estão (e tão poderosas ainda) podem contribuir para essa crítica cultural. Isso significa refletir em como o aluno pode aprender não apenas a linguagem científica, mas também a ter uma visão crítica sobre os fenômenos culturais existentes na sociedade (Moreira, 2007).

A partir do momento em que se pretende uma escola mais inclusiva em relação aos alunos com deficiência, é primordial a reflexão sobre como tal fenômeno se expressa no espaço escolar. Não se pretende aqui assumir uma posição meramente acusadora dos atores escolares pelo capacitismo ocorrente no espaço escolar. Compreende-se as enormes dificuldades que tais atores enfrentam no dia a dia da rotina escolar para a efetivação de uma educação verdadeiramente inclusiva. É exatamente por essa razão que a equipe de profissionais da educação precisa do suporte de uma equipe multiprofissional, auxiliando-os e oferecendo o devido suporte para a eliminação das barreiras por meio de debates democráticos e atuações estratégicas conjuntas.

A equipe multiprofissional, funciona, portanto, como um instrumento de suma importância para a eliminação de barreiras e concretização da educação inclusiva, podendo-se dizer, então, que trata de uma ferramenta extremamente valiosa na adaptação do ambiente escolar ao raciocínio trazido pelo modelo social de abordagem da deficiência e, por consequência, na erradicação do capacitismo.

8. CONCLUSÃO

A presença de uma equipe multiprofissional na escola auxilia enormemente a efetivação prática do direito à educação de crianças e adolescentes com deficiência, uma vez que os profissionais componentes da equipe atuam em conjunto com os profissionais da educação de forma a encontrar os melhores caminhos pedagógicos a serem utilizados na educação desse grupo de pessoas.

Há alguns dispositivos na legislação brasileira que trazem a previsão expressa de equipe multiprofissional dentro do ambiente escolar. Todavia, independentemente de tal previsão, entendemos que todos os dispositivos legais que fundamentam a educação especial também estarão fundamentando a presença de um grupo multiprofissional no espaço escolar, eis que a atividade exercida por tal equipe é fundamental para que haja a efetiva inclusão – e não apenas a mera integração – do aluno com deficiência. Acrescenta-se, ainda, que tal raciocínio encontra amplo respaldo no modelo de abordagem de deficiência adotado pelo Brasil na atualidade, qual seja o modelo social.

REFERÊNCIAS

Alves, F. F. do P. (2018) *O que as escolas precisam saber sobre as diferenças? Reflexões sobre a inclusão de estudantes com deficiência*. Crivo Editorial.

Barboza, H. H. & Almeida, V. (2018.). *Comentários ao estatuto da pessoa com deficiência à luz da Constituição da República*. Fórum.

Bortolli, M. C. R. & Volsi, M. E. F. (2016). Equipe multiprofissional no ambiente escolar: perspectivas e contribuições para o desenvolvimento dos alunos. In Os desafios da escola paranaense na perspectiva do professor PDE. *Cadernos PDE, 1*. Secretaria de Educação.

Chiaradia, A. P. X. & Caron, L. (2019). Políticas Públicas de inclusão de estudantes com deficiência no ensino regular: breve histórico. In I. V de. Sousa (Org.). *Educação Inclusiva no Brasil: história, gestão e políticas. Coleção Educação Inclusiva no Brasil*. Paco Editorial.

Decreto n. 3.298, de 20 de dezembro de 1999. (1999). Regulamenta a Lei n. 7.853, de 24 de outubro de 1989, dispõe sobre a Política Nacional para a Integração da Pessoa Portadora de Deficiência, consolida as normas de proteção, e dá outras providências. http://www.planalto.gov.br/ccivil_03/ decreto/D3298.htm

Freire, P. (1996). *Pedagogia da autonomia: saberes necessários à prática educativa*. Coleção Leitura. Paz e Terra.

Lei nº 13.146, de 6 de julho de 2015. (2015). Institui a Lei Brasileira de Inclusão da Pessoa com Deficiência (Estatuto da Pessoa com Deficiência). http://www.planalto.gov.br/ccivil_03/_ato2015-2018/2015/lei/l13146.htm

Lei n. 13.935, de 11 de dezembro de 2019. (2019). Dispõe sobre a prestação de serviços de psicologia e de serviço social nas redes públicas de educação básica. http://www.planalto.gov.br/ccivil_03/_ato2019-2022/2019/lei/L13935.htm

Libânio, J. C. (2007). A Escola com que sonhamos é aquela que assegura a todos a formação cultural e científica para a vida pessoal, profissional e cidadã. In Costa, M. V. Costa (Org.). *A escola tem futuro?* 2ª ed. Lamparina.

Mantoan, M. T. E. (2013). *O desafio das diferenças nas escolas*. 5ª ed. Editora Vozes.

Moreira, A. F. B. (2007). A escola poderia avançar um pouco no sentido de melhorar a dor de tanta gente. In Costa, M. V. Costa (Org.). *A escola tem futuro?* 2ª ed. Lamparina.

Nicolescu, B. et al. (2000) *Educação e transdisciplinaridade*. (Trad. J. Vero; M. F. de Mello & A. Sommerman). Unesco, 2000.

Ribeiro, S. L. (2004). Espaço Escolar: um elemento (in)visível no currículo. *Sitientibus, 31*, 103-118.

Soave, K. (2009). A Equipe multidisciplinar no apoio à educação da criança com Síndrome de Down [Monografia de Conclusão do Curso, Instituto Superior de Educação Cenecista de Capivari] FACECAP.

POSFÁCIO

Profa. Dra Andréa Carla Machado
Profa. Dra Ângela Mathylde Soares
Profa. Dra Miryan Cristina Buzetti
Profa. Dra Simone Aparecida Capellini

Nos meados do século XX, com a intensificação dos movimentos sociais de luta contra todas as formas de discriminação que impedem o exercício da cidadania das pessoas com deficiência, emerge, em nível mundial, a defesa de uma sociedade inclusiva (Lei n. 13.146, 2015).

Assim, na busca de enfrentar esse desafio e construir projetos capazes de superar os processos históricos de exclusão, podemos citar alguns dos documentos decisórios para embasar esse enfrentamento, a saber:

- a Conferência Mundial de Educação para Todos de Jomtien (1990): chama a atenção para o alto índice de crianças e jovens sem escolarização, nessa direção buscando a posteriori constituir uma agenda de discussão das políticas educacionais reforçam a necessidade de elaboração e a implementação de ações voltadas para a universalização do acesso à escola,
- a Conferência Mundial de Necessidades Educativas Especiais - Acesso e Qualidade: realizada pela Unesco, em 2006, propõe aprofundar a discussão acerca da escola não acessível a todos estudantes,
- a Declaração de Salamanca e Linhas de Ação sobre Necessidades Educativas Especiais: proclama que as escolas comuns representam o meio mais eficaz para combater as atitudes discriminatórias. No paradigma da inclusão, ao afirmar que todos se beneficiam quando as escolas promovem respostas às diferenças individuais de estudantes, são impulsionados os projetos de mudanças nas políticas públicas.
- a Convenção Sobre os Direitos das Pessoas com Deficiência: outorgada pela ONU em 2006 e ratificada pelo Brasil como emenda constitucional, por meio do decreto Legislativo 186/2008 e pelo Decreto Executivo 6949/2009, é colaborativa sob essa visão.

Essa perspectiva conduz ao debate sobre os rumos da educação especial e inclusiva no Brasil, tornando-se fundamental para a construção de políticas de formação o financiamento e a gestão, necessários para a transformação da estrutura educacional a fim de assegurar as condições de acesso, participação e aprendizagem de todos estudantes, concebendo a escola como um espaço que reconhece e valoriza as diferenças. É também necessário agentes pujantes para o exercício da docência, pois ainda no início do século XXI essa realidade suscita mobilização mais ampla em torno do questionamento à estrutura segregativa reproduzida nos sistemas de ensino.

É sobre esse panorama efervescente que esse capítulo discorrerá, capitaneando bases para o desenvolvimento e a explanação do tema intitulado, mediação escolar, cuja denominação ainda nesses tempos se move a passos lentos com termos justapostos e formando um entrelaço de informações, as quais muitas vezes não são correspondentes.

O postulado básico é de que a educação é direito de todos e dever do Estado e da família (Constituição da República Federativa do Brasil/88, art. 205). Assim, a Constituição garante a igualdade de condições de acesso e a permanência na escola. A carta magma imputa ao Estado, como forma de garantir o cumprimento do seu dever, a necessidade do "atendimento educacional para alunas com necessidades educativas especiais dentre outras atribuições em relação a inclusão" (Serra & Bianco, 2019).

A Lei n 8.069, de 13 de julho de 1990, Estatuto da Criança e do Adolescente (ECA), afirma que toda a criança e adolescente têm direito a todas as oportunidades e facilidades para o pleno desenvolvimento físico, mental, moral, espiritual e social, com liberdade e dignidade.

Sob esse prisma, os documentos internacionais citados anteriormente, alinhados à Carta Magma, o ECA, à Politica (2008), Lei de Diretrizes e Bases da Educação Nacional - LDBN (1996), garantem então a igualdade de condições para o acesso e a permanência na escola como princípio básico do ensino (art. 3 inciso I), assegurando serviços de apoio para atender a clientela. Contudo, não detalham de quais são esses apoios, deixando isso a cargo dos órgãos normativos dos sistemas de ensino (federal, estadual e municipal).

Os interlocutores, apesar dos esforços de envolver o ensino comum, costumam ser sempre os que trabalham na área, reforçando assim a ideia de que a educação especial e inclusiva é um subsistema que desenvolve ações em paralelo a um outro – o do sistema regular. Essa visão dicotômica precisa ser modificada (Carvalho, 2007a). E como conjunto de recursos, torna-se essencial melhorias dos serviços educacionais colocados à disposição dos alunos, para que assim, em vez da visão substantiva, evoluamos para o enfoque adjetivo, no qual o processo educativo escolar estará comprometido especialmente com a qualidade de aprendizagem.

Sabemos por meio de práticas baseadas em evidências (Orsati et al., 2015) que quando bem formados e treinados, os profissionais pertencentes e atuantes no contexto educacional e conhecedores dos marcos do desenvolvimento podem agir de forma precoce e encaminhar para intervenções adequadas. A qualificação da equipe escolar inclui além dos professores, todos que nela trabalham, bem como os profissionais que podem colaborar de forma técnica com as barreiras da aprendizagem.

Sob esse olhar, há uma prática há tempos questionada e muitas vezes negligenciada, cujo conceito deve-se não ao desconhecimento da importância da aprendizagem mediada, mas em parte ao conhecimento superficial sobre a mediação e muito mais ao desconhecimento sobre como mediar e o porquê mediar. No contexto pedagógico, a mediação vincula-se também a aspectos relacionados ao ensinar e ao aprender, uma vez que ensino e aprendizagem encabeçam o processo educativo.

Nesse certame, não há uma legislação ou normatização que especifique as competências profissionais do mediador, muito menos qual sua formação. Assim, esse capítulo auxiliará o leitor a analisar as possibilidades e habilidades que podem determinar um mediador escolar, de forma a direcionar tomadas de decisões a respeito das crianças no desenvolvimento da aprendizagem.

Zabala e Arnau (2010) explicam que conteúdos atitudinais se aprendem por "modelos" ou por meio de vivências continuadas em contexto com grande implicação. Outra forma de aprender, segundo os mesmos autores, é a reflexão e o posicionamento diante de situações que prenunciam tomadas de decisões, seja no âmbito comportamental ou da aprendizagem.

Aprender a fazer seria nada mais que desenvolver as competências necessárias a tornar a pessoa apta a solucionar problemas. Para isso, o aprendiz/aluno deve ser confrontado com diversas experiências, podendo essas surgirem do universo laboral quando o serviço é alternado com o trabalho.

De acordo com Serra e Bianco (2019), de uma forma ou outra é importante compreender que aprender a fazer envolve trabalhar em equipe, atividades em que cada um contribui com suas competências e se compromete com os resultados.

O(a) mediador(a) na sala de aula é o adulto mais próximo da criança assistida, o que exige dele ou dela soluções para diversas questões que permeiam além da aprendizagem, por exemplo, para a interação social e a autonomia. Suas competências implicam uma ação, uma intervenção que, para ser eficaz, é necessária a mobilização de diferentes recursos formados por esquemas de atuação que integram, concomitantemente, conhecimentos, procedimentos e atitudes (Zabala & Arnau, 2010), pois de acordo com Mousinho,

> a atuação do mediador não se pode restringir à sala de aula, nem à criança que ele acompanha. O mediador escolar deve dar o apoio necessário em diferentes situações, ambientes e contextos escolares, seja nas atividades em sala de aula, no recreio, na interlocução com professores regentes e equipe escolar ou até mesmo na relação da criança com seus pares, tentando criar meios de possibilitar possíveis amizades, de acordo com o repertório de interesses da criança. (Mousinho et al., 2010)

Trata-se de fazer com que os sujeitos ofereçam soluções a vários problemas, integrando conhecimentos interdisciplinares ou, até mesmo, multidisciplinares. Esses problemas devem exigir a demonstração de determinadas habilidades e atitudes.

Assim, para auxiliar nesse processo, realiza-se a seguir o elencar de instruções (Organização Internacional do Trabalho [OIT], 2015), as quais são construídas com base nas referências documentais, nas pesquisas realizadas com os profissionais (equipe e envolvidos) e nas observações dos professores. Essa visão reúne uma ou mais "competências chave" ou competências principais que resumem o que o profissional, de fato, faz. Para um mediador, pode-se apontar como competência a sua expertise de área em auxiliar, colaborativamente, a equipe (Vargas & Rodrigues, 2018).

As competências compõem uma função produtiva (Figura 1) que pode ser avaliada, desenvolvida e aprendida (OIT, 2015). São assuntos que devem ser tratados e discutidos na equipe, segundo Serra e Bianco (2019), como por exemplo:

I. Apoiar o professor no processo de ensino e aprendizagem dos alunos em sala de aula.
II. Determinar as dificuldades que estão contribuindo para os problemas de aprendizagem.
III. Apropriar-se das estratégias de atuação para facilitar a aprendizagem do aluno.
IV. Utilizar técnicas e procedimentos para oportunizar a aprendizagem.

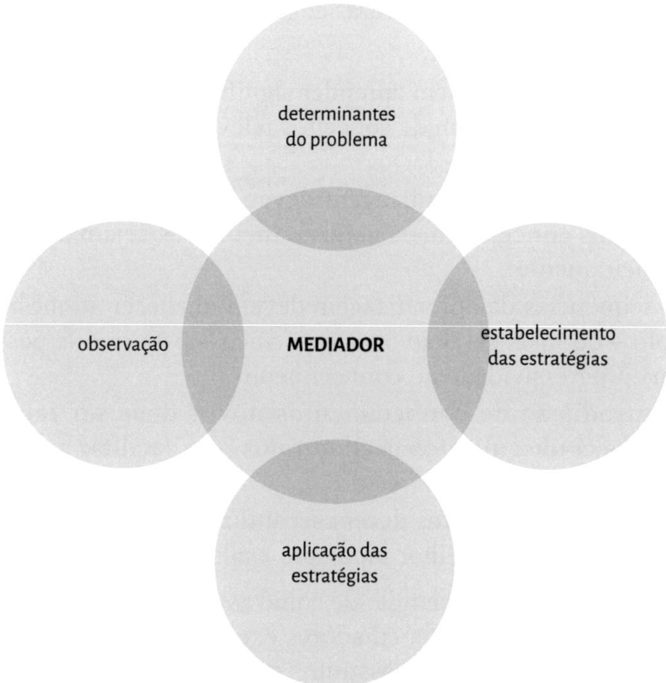

Figura 1 – Trilha para aprendizagem mediada

Nota. Adaptado de Serra e Bianco (2019).

Nessa perspectiva, cabe ressaltar a importância do currículo que, segundo Coll (1996), é um elo entre a declaração de princípios gerais e sua tradução operacional entre a teoria educacional e a prática pedagógica, entre o planejamento e a ação, entre o que é preciso e o que realmente sucede nas salas de aula.

Assim, de acordo com Carvalho (2007b), na formulação do currículo deve-se responder às seguintes indagações correspondentes aos componentes curriculares: Por que ensinar? O que e quando ensinar? Como ensinar? Que, como, quando avaliar? Esses questionamentos são colocados para que o processo de aprender ocorra efetiva e prazerosamente. À estrutura lógica que as disciplinas e suas competências contêm cabe valorizar os processos emocionais e cognitivos que permitem ao aluno, com interesse e motivação, além de construir representações mentais dos conteúdos e dar-lhes significados.

De modo a direcionar essas indagações é importante que o mediador apresente cinco princípios para a organização sequencial do conteúdo compatíveis com os processos de internalização do conhecimento, isto é, com o reequilíbrio das estruturas cognitivas do aluno (Coll, Palacios & Marchesi, 1995), a saber:

1. Todos os alunos podem aprender significativamente um conteúdo desde que disponham de conceitos relevantes e inclusivos, em sua estrutura cognitiva.
2. O conteúdo da aprendizagem deve ser ordenado de tal maneira que os conceitos mais gerais e inclusivos sejam apresentados primeiramente.
3. As sequencias da aprendizagem devem obedecer ao mesmo princípio – do mais geral ao mais específico – para que se possa obter uma progressividade do conhecimento.
4. A introdução de conhecimentos novos deve ser relacionada com os conhecimentos já adquiridos para facilitar a conciliação integradora.
5. Os exemplos concretos devem ser utilizados sempre, para ilustrar e para ensinar ao melhor momento e adequadas condições.

Para concedermos um exemplo de como as unidades de competências poderiam gerar temas para mediadores executarem, cada elemento de competência dará origem aos assuntos que serão abordados dentre de cada tema, conforme descrito na Figura 2.

Objetivo principal	Competências	Temas/Propostas
Mediar o desenvolvimento	Apoiar professor no processo de ensino dos alunos em sala de aula	Ensino da Matemática Aritmética (primeira dezena, valor posicional)
	Registrar a evolução do aluno	Registros e monitoramentos
	Interpretar os documentos e normas vigentes	BNCC e sistemas de avaliação nacional como ANA, Provinha Brasil.

Figura 2 – Sugestão de competências para o mediador

Nota. Baseado em Serra e Bianco (2019).

No seguimento será ilustrada a importância da mediação desenvolvida pelo professor da sala de aula, cujos desígnios podem receber auxílio de todos os envolvidos no processo de aprendizagem, bem como prediz a mensagem elaborada pela Conferência Mundial de Educação para Todos de Jomtien (1990), exposta a priori neste texto, que evidencia o empenho em garantir o oferecimento de serviços e auxílios percebidos na literatura científica, postulando o equívoco que essa declaração está pontuada somente como documento específico dos alunos públicos alvo da educação especial.

No entanto, este capítulo está inspirado na Declaração Mundial de Educação para Todos e na Declaração Universal de Direitos Humanos (2006), universalmente consagrados, e, portanto, a aprendizagem torna-se direito de todos e seus mecanismos se valem da interação dos envolvidos, na qual o professor pode ser o mediador protagonista desse processo.

A aprendizagem acontece quando há uma mudança de comportamento pelo indivíduo que aprende, surgindo mediante uma construção social e sendo interiorizada pelo indivíduo. Para Vygotsky (1998), esse processo ocorre através da mediação com sistemas simbólicos (instrumentos e signos) e, no caso da aprendizagem escolar, podemos citar a escrita e o sistema numérico como exemplos. Dessa forma, os alunos e o professor interagem entre si, mediatizados por instrumentos e signos construídos culturalmente.

A mediação, de modo geral, é então o processo de intervenção de um elemento intermediário numa relação, possuindo caráter de verdadeira implicação dos sujeitos na relação interpessoal e, sendo assim, uma ação significativa, intencional e planejada. Para Feuerstein, et al. (1994), a mediação é uma interação qualitativa entre o organismo e o meio ambiente, realizada por uma ação intencional que afeta o organismo, sendo o mediador aquele que favorece a interpretação do estímulo ambiental, atribuindo significado à informação recebida.

Na interação mediatizada, a meta do mediatizador é planejar e oferecer vivências e experiências que sejam significativas e dinâmicas para o aluno, enriquecendo assim seu processo de aprendizagem. Fonseca (2015), descreve que, se a interação entre professor e aluno for carente de mediatização, os alunos poderão ser mais desorganizados, menos reflexivos e menos adaptados a situações de aprendizagem. Ainda segundo o autor, a experiência de aprendizagem mediatizada é uma interação entre mediatizador, estímulos e mediatizado (Figura 3).

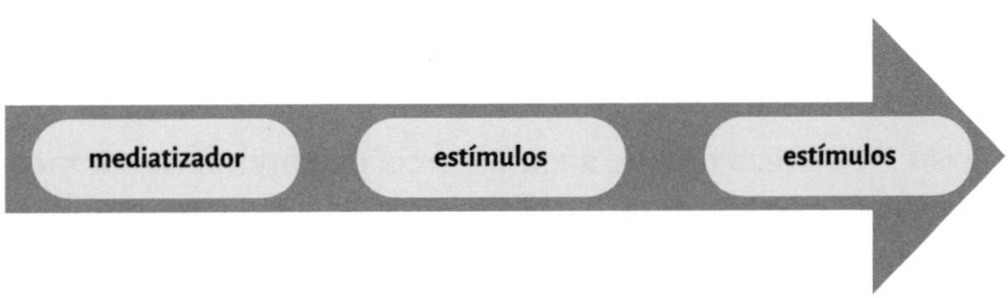

Figura 3 – Interação aprendizagem mediatizada

Nota. Baseado em Feuerstein (1994).

Dessa maneira, o professor se posiciona entre o aluno e o objetivo da aprendizagem, de maneira a planejar e buscar estratégias adequadas que produzam significados e aprendizagem efetiva. Seguindo a teoria de Vygotisky (1998), o mediatizador intervém nos processos mentais do mediatizado, oferecendo seu comportamento como modelo de observação e imitação. Fonseca (2015), explica que o mediatizador, através de uma ação intencional, fornece ao mediatizado instrumentos que lhe ajudam moldar com mais exatidão as experiências vivenciadas, levando o mediatizado a novos níveis de funcionamento cognitivo.

O processo de mediação a partir de instrumentos e signos é fundamental para o desenvolvimento das funções psicológicas superiores. Quando pensamos na mediação do conhecimento, pensamos na relação existente entre aluno-professor-currículo. Para facilitar tal mediação é importante que o professor se atente há alguns elementos cruciais, como:

- Metas: clareza dos objetivos e resultados que se pretende atingir com o currículo estabelecido.
- Conteúdo: seleção reflexiva dos conceitos e assuntos que serão trabalhados.
- Métodos ou didática: analisar e selecionar o procedimento ou estratégia de intervenção apropriada para o ensino no determinado contexto.
- Avaliação: forma de verificar se o objetivo foi alcançado.
- Além disso, o professor poderá seguir algumas práticas e posturas que irão favorecer a mediação:
- Selecionar como deseja organizar o conteúdo com base no objetivo final de ensino.
- Analisar o conteúdo de maneira a favorecer um planejamento que propicie o processo de aprendizagem e interesses do aluno.
- Ter clareza dos conceitos centrais a serem trabalhados com o aluno.
- Ter um planejamento de ensino flexível e adaptável.
- Planejar a sequência didática levando em consideração conteúdos que são pré-requisitos em cada atividade.

É preciso ter clareza de que a experiência da aprendizagem mediada é uma experiência intencional, configurando-se como assim uma aprendizagem estruturada. O mediador seleciona os estímulos que são mais apropriados e busca estratégias e procedimentos que serão mais adequados para determinada situação (Feurstein et al. 1994).

A palavra *medium* (do latim) significa central, no meio e, sendo assim, o instrumento media a interação entre o mediador e o mediatizado, de maneira que o professor, por meio de sua prática, leve o aluno a novos níveis de conhecimento. O mediador é aquele que favorece o processo de aprendizagem, tornando o estímulo ambiental relevante e significativo. De acordo com Vygotisky (1998), o mediador pode levar a criança a detectar diferentes experiências ao explorar, por exemplo, os diferentes sentidos sensoriais como visão e audição, assim como contribuir para que a criança torne uma pessoa iniciativa diante de uma situação problema ou em diferentes contextos.

No período da alfabetização são vários os fatores que contribuem para a aprendizagem do aluno, como a prática docente, o livro didático, os jogos educativos, o interesse do aluno e o currículo.

É importante que o professor selecione cuidadosamente sua prática e conteúdo a ser desenvolvido, sendo essa escolha determinante para o sucesso da aprendizagem do aluno. Reily (2004) analisou a importância dessas escolhas na mediação, apontando que desde a escolha de exercícios desvinculados da realidade do aluno até as atividades repetitivas e mecânicas podem levar ao fracasso da aprendizagem. A autora reforçou que algumas práticas na mediação poderão favorecer a aprendizagem, como:

- Iniciar a aula com uma pequena revisão do que já foi estudado sobre a temática.
- Realizar explicações claras e objetivas.
- Oferecer exemplos e modelos para realizar as atividades.
- Monitorar a execução da tarefa.
- Incentivar a prática independente da atividade após ter certeza do domínio do conceito.
- Realizar uma avaliação progressiva, com uma visão geral das habilidades e dificuldades ao longo do processo de aprendizagem.
- Selecionar estímulos adequados, com cuidado para não sobrecarregar o ambiente ou a atividade.
- Oferecer ao estudante o mesmo conteúdo em diferentes situações de ensino.
- Provocar no aluno generalização para que ele faça projeções das experiências vividas em novas situações.

Reily (2004), ainda apresentou que a escola tem como objetivo permitir que todos os alunos dominem a linguagem verbal, tanto no nível oral quanto na dimensão gráfica. Para atingir esse objetivo, o professor poderá se apoiar em diferentes recursos, como por exemplo nas imagens.

De acordo com Grandin (1995), a imagem pode ser um canal de mediação fundamental no processo de aprendizagem, facilitando a aprendizagem da leitura e da escrita. A autora afirma que muitos alunos se orientam por pistas visuais e que essa é uma prática muito presente no nosso cotidiano em diferentes situações sociais nas quais são utilizadas: desenhos, ícones, cores, tipografia. O trabalho com imagens e figuras poderá auxiliar os alunos de diversas formas, por exemplo:

- Identificar estabelecimentos comerciais e marcas.
- Identificar localização, meios de transportes e placas de trânsito.
- Reconhecer ícones e símbolos para utilizar aparelhos eletrônicos.

A imagem visual é um veículo sígnico assim como a escrita, a música e a linguagem oral, que podem ser utilizados como instrumento para veicular conhecimento de alta ou baixa qualidade. Dessa maneira, a seleção do material didático a ser trabalhado no processo de alfabetização é de extrema relevância, podendo contribuir ou prejudicar tal processo (Reily, 2004).

Os avanços tecnológicos tornaram a imagem cada vez mais presente na escola e na comunidade e, logo, não podemos mais repetir práticas descontextualizadas e isoladas, sendo inadmissível a existência de escolas com estruturas do século passado, com professores ministrando aulas nos modelos do século passado para alunos do século XXI. Dessa forma, podemos dizer que a lousa ou o quadro negro é um recurso valioso no processo de ensino-aprendizagem, mas outros instrumentos podem e devem ser utilizados e explorados para mediar a aprendizagem.

Ao se pensar na mediação no processo de aprendizagem, Fonseca (2015) apresentou que os professores devem se atentar às seguintes situações:

- Valorizar o processo e não somente a resposta do aluno.
- Incentivar o aluno a refletir e questionar sobre o conteúdo.
- Solicitar ao aluno que justifique e contextualize sua resposta.
- Explorar incentivos intrínsecos.
- Relatar experiências familiares.
- Estabelecer regras e rotinas a partir de experiências vividas.

Fontana (2000), aponta que é necessário que o professor assuma seu papel de maneira clara e objetiva em relação ao ensino, levando em consideração a interação professor-aluno como parceiros intelectuais. Dessa maneira, a interação entre professor e aluno será proveitosa e irá promover o desenvolvimento cognitivo dos alunos. As interações são um momento de diálogo intencional, no qual cada um tem uma função definida caracterizada por uma mútua confiança entre os envolvidos. Para incentivar essa interação mútua, Fonseca (2015), apresenta algumas questões que o professor pode fazer ao aluno, conforme figura apresentada a seguir.

1) O que é que precisa fazer depois?
2) Como é que você se sentiria se...?
3) Qual você acha que é o problema?
4) Consegue pensar em outra possibilidade para resolver essa situação?
5) Como você pode descobrir a solução?

Figura 4 – Questões ao aluno

Nota. Fonseca (2015).

Além dessas práticas, o autor também reportou que a mediação tem resultados melhores quando o professor tem conhecimento e leva em consideração o perfil de aprendizagem do aluno, se atentando para áreas como:

- Atenção voluntária e concentrada.
- Velocidade de processamento da informação visual, auditiva ou tátil-cinestésica.
- Discriminação, análise-síntese.
- Memória de curto prazo.
- Cognição (*input-output*).
- Expressão verbal.
- Psicomotricidade.

O ensino tem como função garantir o processo de transmissão do conhecimento e a assimilação dos conteúdos no saber escolar e, para isso o professor precisa planejar, dirigir e compreender tal processo, tendo como foco estimular e suscitar a aprendizagem no aluno (Libâneo, 1994). Ainda segundo o autor, "o trabalho docente é atividade que dá unidade ao binômio ensino-aprendizagem, pelo processo de transmissão-assimilação ativa de conhecimentos, realizando a tarefa de mediação na relação cognitiva entre o aluno e as matérias de estudo" (Libâneo, 1994, p. 88).

A aprendizagem é considerada um processo dinâmico que pode ser trabalhado pelo professor de acordo com o descrito na Figura 5.

Input	Cognição	Output	Retroalimentação
Auditivo	Atenção	Falar	Repetir
Visual	Memória	Discutir	Organizar
Táctilo-quinestésico	Planificação	Ler	Controlar
	Autorregulação	Escrever	Realizar

Figura 5 – Enfoque da aprendizagem pelo professor

Nota. Fonseca (2015).

Pensando no processo de alfabetização como exemplo, é fundamental que o professor tenha conhecimento do como o aluno aprende a ler e escrever para realizar a mediação mais adequada para a necessidade do escolar (Figura 6).

Figura 6 – Reconhecimento da palavra

Nota. Baseado em Pinheiro (1994).

Reconhecendo esse processo, o professor poderá adequar a intervenção e as estratégias utilizadas, oferecendo estímulos adequados ao longo do processo. É importante ter claro que o currículo é um instrumento de orientação para o professor e precisa ser adaptável e flexível de acordo com a necessidade do aluno, considerando que contamos com uma sala de aula heterogênea com demandas diversificadas de ensino. Para ensinar diante da diversidade, compreender o processo e reconhecer diferentes estratégias de intervenção é uma máxima, evitando, assim, improvisos na prática pedagógica em sala de aula e favorecendo práticas baseadas em evidências.

Nesse posfácio, apresentamos a importância da mediação escolar e o seu desenvolvimento no processo de aprendizagem, destacando a importância desta obra, *Educação da Pessoa com Deficiência no Direito Brasileiro*, como marco para a sociedade. Cada capítulo em sua importância demonstra o investimento, a pesquisa e a trajetória dos que transformam intenções e realidades necessárias para que as leis de inclusão e os beneficiados por ela propostos possam, enfim, desfrutar desta realidade.

Com isto, esta obra deve ser considerada com veemência por todos os envolvidos no processo de aprendizagem. Portanto, a proposta desta obra sob a ótica de nossa Lei de Diretrizes e Bases da Educação Nacional (1996) como serviço também merece relevância no panorama educacional, pois por muitas situações serão necessárias revisões e redefinições de estágios de atuação.

Temos um longa trajetória e boas razões para unir nossos esforços, discutir nossas ideias e buscar alternativas que nos permitam continuar com perspectivas otimistas em relação às respostas educativas de nossas escolas para todos, em que o compromisso dos atuantes esteja presente em todas as nossas ações.

Assim sendo, o professor pode ser o protagonista do processo de ensino e aprendizagem de todos os alunos matriculados em sua turma. Para isso, nesses tempos, urge também a junção de uma rede de colaboração para aqueles alunos que por diversos motivos precisam de um mediador para o ato do aprender, sendo essa figura também oriunda de uma organizada partilha de conhecimentos que busca um objetivo em comum: a aprendizagem e o desenvolvimento do aluno.

Parabéns aos autores, organizadores e envolvidos nesta trajetória do incluir verdadeira e legalmente. Precisamos lutar em unidade, com todos os saberes e forças, para que o professor seja o protagonista do processo de ensino e aprendizagem.

Como pesquisadoras incansáveis do tema, agradecemos a oportunidade de participar e integrar esta obra de magnifica reflexão e ação.

Laboratório de Investigação dos Desvios da Aprendizagem (LIDA) do Departamento de Fonoaudiologia da Faculdade de Filosofia e Ciências da Universidade Estadual Paulista "Júlio de Mesquita Filho" - FFC/UNESP - Marília-SP.

REFERÊNCIAS

Carvalho, R. E. (2007a). *Removendo barreiras para a aprendizagem*. Editora Mediação.

Carvalho, R. E. (2007b). *A nova LDB e a Educação Especial*. WVA.

Coll, C.; Palacios, J. & Marchesi, A. (1995). *Desenvolvimento psicológico e educação. Necessidades educativas especiais e aprendizagem escolar*. Artmed.

Constituição da República Federativa do Brasil de 1988. (1988). http://www.planalto.gov.br/ccivil_03/constituicao/constituicao.htm

Feuerstein, R.; Klein, P. S. & Tannenbaum, A. J. (1994). *Mediated learning experience (MLE): theoretical, psychosocial and learning implications*. Freund.

Fonseca, V. (2015) *Cognição, neuropsicopedagogia e aprendizagem, abordagem neuropsicopedagógica e psicopedagógica*. 7ª ed. Vozes.

Fontana, R. A. C. (2000). *Mediação pedagógica na sala de aula*. 3ª ed. Autores Associados.

Grandin, T. Thinking in pictures and other reports from my life with autism. Nova York: Vintage Books, 1995

Lei n. 8.069, de 13 de julho de 1990. (1990). Estatuto da Criança e do Adolescente no Brasil. http://www.planalto.gov.br/ccivil_03/leis/l8069.htm

Lei n. 9.394, de 20 de dezembro de 1996. (1996). Estabelece as diretrizes e bases da educação nacional. http://www.planalto.gov.br/ccivil_03/leis/l9394.htm

Libâneo, J. C. (1994). *Didática*. 1ª ed. Cortez.

Mousinho, R. et al. (2010). Mediação Escolar e Inclusão: Revisão, Dicas e Reflexões. *Rev. Psicopedagogia, 27*(82), 92-108.

Organização Das Nações Unidas. (2006). Convenção sobre os Direitos das Pessoas com Deficiência.

Organizacíon Internacional Del Trabajo. (2015). Metodologias para la Elaboracion de Normas Técnicas, Diseños Curriculares y Evaluaciones por Competências Laborales. http://www.oitcinterfort.org/publicacion

Orsati, F. et al. (2015). Práticas para a sala de aula baseadas em evidências. Memnon.

Ministério da Educação. (2008). Política da Educação Especial na perspectiva da Educação Inclusiva. Secretaria de Educação Especial.

Ministério da Educação. (2015). Orientações para Implementação da Política de Educação Especial na Perspectiva da Educação Inclusiva. SECADI.

Pinheiro, A. (1994). Leitura e escrita: uma abordagem cognitiva. Editorial Psy.

Reily, L. (2004). Escola inclusiva linguagem e mediação. Papirus.

Serra, D. Bianco, P. H. (2019). Mediação Escolar. Editora Nuppes.

Unesco. (1990). Declaração Mundial sobre Educação para Todos: plano de ação para satisfazer as necessidades básicas de aprendizagem.

Unesco. (1994). Declaração de Salamanca e linha de ação sobre necessidades educativas especiais.

Unesco. (2006). Comitê Nacional de Educação em Direitos Humanos - Plano Nacional de Educação em Direitos Humanos. Secretaria Especial dos Direitos Humanos, Ministério da Educação, Ministério da Justiça.

Vargas, T. B. T.; Rodrigues, M. G. A. (2018). Mediação escolar, sob habitar o entre. *Revista Brasileira de Educação, 23* e230084.

Vygotisky, L. (2007). *A formação social da mente: o desenvolvimento dos processos psicológicos superiores*. (J. C. Neto; L. S. M. Barreto & S. C. Afeche Trad.). Martins Fontes.

Zabala, A. & Arnau, L. (2010). *Como aprender e ensinar por competências*. Artmed.

SOBRE OS ORGANIZADORES

ESTÊVÃO MACHADO DE ASSIS CARVALHO

Defensor Público do Estado de Minas Gerais.

Coordenador da Defensoria Especializada da Pessoa Idosa e da Pessoa com Deficiência.

Graduado em Direito pela PUC Minas.

Especialista em Direito Civil pela PUC Minas.

Gestor do Projeto Inclusão Verde Mundo - Rede em Proteção da Defensoria Pública do Estado de Minas Gerais.

estevao.carvalho@defensoria.mg.def.br

FERNANDA CRISTIANE FERNANDES H. MILAGRES

Defensora Pública de Minas Gerais - Titular da Defensoria Especializada da Pessoa Idosa e da Pessoa com Deficiência da comarca de Belo Horizonte. Componente da Comissão dos Direitos das Pessoas com Deficiência da Associação Nacional das Defensoras e Defensores Públicos - ANADEP. Pós-Graduada em Direito Público pela Associação Nacional dos Magistrados de Minas Gerais - ANAMAGES.

fernanda.milagres@defensoria.mg.def.br

LUIS RENATO BRAGA ARÊAS PINHEIRO

Defensor Público do Estado de Minas Gerais.

Titular da 5ª Defensoria de Tóxicos, Organização Criminosa e Lavagem de Bens e Valores da Comarca de Belo Horizonte/MG.

Coordenador Adjunto da Comissão Especial dos Direitos das Pessoas com Deficiência da Associação Nacional das Defensoras e Defensores Públicos – ANADEP.

Gestor do Projeto Inclusão Verde Mundo - Rede em Proteção da Defensoria Pública do Estado de Minas Gerais.

Especialista em Direito Penal pela Universidade Anhanguera – Uniderp.

Especialista em Transtorno do Espectro Autista pelo Centro Universitário Celso Lisboa e pela Child Behavior Institute – CBI OF MIAMI.

renato.areas@defensoria.mg.def.br

SOBRE OS AUTORES

ANDRÉA CARLA MACHADO

Linguista. Pedagoga. Psicopedagoga. Mestre e Doutora em Educação Especial pela Universidade Federal de São Carlos – UFSCar. Estágio doutoral em Special Education pela University of Georgia – UGA, (EUA). Pós-doutora em Psicologia pela UFSCar. Pós-Doutoranda em Educacão pela Universidade Estadual Paulista "Júlio de Mesquita Filho" – FFC/UNESP - Marília-SP. Membro do Laboratório de Investigação dos Desvios de Aprendizagem – LIDA. Membro do Grupo de Pesquisa do CNPq *Linguagem, Aprendizagem, Escolaridade* da Faculdade de Filosofia e Ciências da Universidade Estadual Paulista – FFC/UNESP. Pesquisadora e Psicopedagoga Clínica do Centro de Pesquisa e Desenvolvimento Infantil (CPEDi). Consultora e supervisora na área de Educação Especial e Inclusiva.

decamachado@gmail.com

ÂNGELA MATHYLDE SOARES

Pedagoga. Psicopedagoga. Psicanalista. Escritora. Presidente do Congresso Internacional Brain Connection Brasil. Diretora do Grupo de Investigação Clínica em Saúde e Educação da União Europeia/G3TES. Mestre e Doutora em Estudos Psicanalíticos pela Escola de Psicanálise Clínica/RJ filiada a UK Psychoanalytical Society (London). Doutora Honoris Causa D.h.c. pela EBWU-Emil Bruner Word University, (EUA). Conselheira Nacional da Associação Brasileira de Psicopedagogia, Pós-doutora em Neurociências (EUA/Flórida).

draangelamathyldesoares@gmail.com

BRUNO TERRA DIAS

Bacharel em Direito pela Universidade Federal de Minas Gerais – UFMG. Ex-Delegado de Polícia em Minas Gerais. Ex-Promotor de Justiça do Estado de Minas Gerais. Juiz de Direito do Estado de Minas Gerais. Desembargador do TJMG. Professor de Direito. Ex-presidente da Associação dos Magistrados Mineiros – AMAGIS. Membro do Instituto dos Advogados de Minas Gerais – IAMG. Membro do Instituto Histórico Geográfico de Minas Gerais (IHGMG)

bterra63@gmail.com

CARLA MARIA ALESSI LAFETÁ DE CARVALHO

Promotora de Justiça em Minas Gerais. Trabalhou na 23ª Promotoria de Justiça Cível e Infracional e 25ª Promotoria de Justiça de Defesa da Educação. Hoje está na 2ª Promotoria de Justiça – Juízo Família.

carlalafeta@mpmg.mp.br

CAROLINA MACHADO DURÃES

Bacharel em Direito pela UNIFEMM. Mestre em Administração Pública pela Escola de Governo Professor Paulo Neves de Carvalho / Fundação João Pinheiro – FJP. Assessora jurídica no TJMG desde 2008. Professora de Direito da Área Cível.

kakaduraes@hotmail.com

FERNANDA PAULA DINIZ

É Doutora e Mestre em Direito Privado pela PUC Minas. Bacharel em Direito pela Universidade Federal de Minas Gerais – UFMG. Professora da PUC Minas e da Universidade Estadual de Minas Gerais – UEMG. Advogada.

fernandapaula@yahoo.com

FLÁVIA ALBAINE FARIAS DA COSTA

Bacharel em Direito pela Universidade Federal do Rio de Janeiro – UFRJ, Especialista em Direito Privado pela Universidade Estadual do Rio de Janeiro. Mestra em Direitos Humanos e Acesso à Justiça pela Universidade Federal de Rondônia. Ex-assessora de Procurador na Procuradoria Municipal do Rio de Janeiro. Defensora Pública do Estado de RO desde outubro de 2016. Fundadora e Coordenadora do Projeto Juntos pela Inclusão Social com atuação em prol da pessoa com deficiência. Membra da Comissão dos Direitos das Pessoas com Deficiência da ANADEP. Palestrante. Colunista de Direitos dos Vulneráveis da Revista Cenário Minas. Autora de artigos de educação em direitos e artigos acadêmicos. Coautora de livros sobre os direitos das pessoas com deficiência.

flavia190585@yahoo.com.br

JOSÉ RENATO NALINI

Mestre e Doutor em Direito Constitucional da Universidade de São Paulo – USP, foi Presidente do Tribunal de Justiça de São Paulo (2014-2015) e Secretário da Educação do Estado de São Paulo (2016-2018).

jose-nalini@uol.com.br

LAURA BEATRIS DE BARROS E SANDER

Psicóloga - CRP 04/38232. Especialista em Psicologia Clínica na perspectiva fenomenológico-existencial pelo IFEN. Psicóloga com ênfase clínica, graduada pela Pontifícia Universidade Católica de Minas Gerais, com experiência profissional nos campos da psicologia clínica, educacional, social e orientação profissional. Realiza atendimentos psicológicos clínicos de crianças, adolescentes e adultos.

laura_sander@msn.com

LUÍS FERNANDO NIGRO CORRÊA

Juiz de Direito do Tribunal de Justiça do Estado de Minas Gerais. Mestre e Doutor em Direito Internacional pela Faculdade de Direito da Universidade de São Paulo - USP. Mestre em Direito da Integração Europeia pela Faculdade de Direito da Universidade de Coimbra (Portugal)

lfnc@yahoo.com

MARIANA DE PAULA ALVES

Analista em Direito da 25ª Promotoria de Justiça de Defesa da Educação da Capital. Mestre em Direito. Especialista em Direito Constitucional e em Ciências Penais.

malves@mpmg.mp.br

MIRYAN CRISTINA BUZETTI

Pedagoga. Mestre e Doutora em Educação Especial pela Universidade Federal de São Carlos – UFSCar. Pós-doutora pelo Conselho Nacional de Desenvolvimento Científico e Tecnológico (CNPq). Membro do Grupo de Pesquisa do CNPq *Linguagem, Aprendizagem e Escolaridade* da Faculdade de Filosofia e Ciências da Universidade Estadual Paulista "Júlio de Mesquita Filho" – FFC/UNESP-Marília-SP.

miryan_05@hotmail.com

RENATA FLORES TIBYRIÇÁ

Defensora Pública do Estado de São Paulo. Bacharel em Direito e Especialista em Direitos Humanos pela USPDoutora e Mestre em Distúrbios do Desenvolvimento pela Universidade Presbiteriana Mackenzie, Coordenadora da Comissão de Direitos da Pessoa com Deficiência da Associação Nacional de Defensoras e Defensores Públicos – Anadep. Coordenadora do Núcleo

Especializado dos Direitos da Pessoa Idosa e da Pessoa com Deficiência (biênios 2014-2016 e 2016-2018).

rtibyric@gmail.com

SIMONE APARECIDA CAPELINI

Fonoaudióloga. Livre Docente em Linguagem Escrita – FFC/UNESP-Marília-SP. Docente do Departamento de Fonoaudiologia e dos Programas de Pós-Graduação em Educação e em Fonoaudiologia da Faculdade de Filosofia e Ciências – FFC/UNESP - Marília-SP. Membro do Collegio dei Docenti del Corso di Dottorato in Formazione, Patrimonio Culturale e Territori presso l'Università di Macerata, Macerata, Itália. Coordenadora do Laboratório de Investigação dos Desvios da Aprendizagem (LIDA) do Departamento de Fonoaudiologia – FFC/UNESP - Marília-SP. Bolsista de Produtividade em Pesquisa do Conselho Nacional de Desenvolvimento Científico e Tecnológico – CNPq. Coordenadora do Departamento de Fonoaudiologia Educacional da Sociedade Brasileira de Fonoaudiologia (SBFa), Gestões 2017-2019 e 2020-2022.

sacap@uol.com.br

THIAGO HELTON MIRANDA RIBEIRO

Advogado e palestrante. Bacharel em Direito PUC Minas. Pós-graduado em Direito Constitucional. Presidente da Comissão de Defesa dos Direitos das Pessoas com Deficiência da OAB/MG e membro da Comissão Nacional de Direitos das Pessoas com Deficiência da OAB. Thiago Helton é tetraplégico desde 2008, vítima de acidente de trânsito.

thiagoheltonr@gmail.com

Construindo ideias
e conectando mentes

Este livro foi composto com tipografia ITC Berkeley Oldstyle Std e impresso em Papel offset 75gr. na Formato Artes Gráficas em janeiro de 2022.